LEONARD BALZER

Mehr Miete, mehr Rendite

So maximieren Sie Ihren Gewinn ohne großen Mehraufwand

Wie Sie als Vermieter durch clevere Methoden dauerhaft höhere Einnahmen generieren und Ihre Kosten reduzieren

Inhaltsverzeichnis

Vorwort

Vermieter haben grundsätzlich zwei strategische Ansätze zur Profitmaximierung bei der Vermietung: die Steigerung der Mieteinnahmen oder die Senkung der Kosten. Dieser Ratgeber bringt Ihnen mehrere Techniken bei, um beide strategische Ansätze umzusetzen. Im Idealfall steigern Sie durch die Anwendung der Techniken aus diesem Ratgeber nicht nur Ihre Mieteinnahmen, sondern senken zudem Ihre Kosten. So kombinieren Sie beide strategischen Ansätze und erreichen den maximalen Profit.

Sie erhalten in diesem Ratgeber Techniken. Im Gegensatz zu bloßen Tipps enthalten Techniken **viele Detailinformationen und konkrete Anleitungen**. Beispielrechnungen in mehreren Kapiteln werden Ihnen einen Einblick gewähren, wie profitabel die jeweiligen Techniken sind. Einige der Techniken werden sogar **anhand realer Erfahrungen erklärt**. Alles in allem bietet dieser Ratgeber einen überdurchschnittlichen Mehrwert und geht thematisch derart weit in die Tiefe, dass beim Lesen auch der ein oder andere erfahrene Vermieter neues Wissen gewinnen wird.

Strukturiert ist dieser Ratgeber so, dass die grundlegenden Techniken, wie Rechenmethoden zur Festlegung der Anfangsmiete (siehe Kapitel 9), am Ende des Buches zu finden sind. Zu Beginn finden Sie speziell die Techniken, die auch für erfahrene Vermieter neu sind. Durch diese Struktur – zunächst die weniger bekannten Techniken und dann die grundlegenden Techniken – soll erreicht werden, dass möglichst viele Leser **vom ersten Kapitel an einen hohen Mehrwert erhalten**. Hier einige Beispiele für die weniger bekannten Techniken mit einem hohen Potenzial zur Profitmaximierung:

◆ **Indexmietvertrag abschließen** (Kapitel 1)

Beim Indexmietvertrag bemessen sich die Mietsteigerungen an der Inflation. In Zeiten starker Inflation, wie insbesondere seit dem Jahr 2022 der Fall, erweisen sich Indexmietverträge als eine potenzielle Goldgrube für Vermieter. Bei Indexmietverträgen findet außerdem die Mietpreisbremse nur beim Festlegen der Anfangsmiete, jedoch nicht bei den Mietsteigerungen, Anwendung – Ihr Schlüssel zur **Profitmaximierung!**

◆ **Dachfläche für Solarenergie vermieten** (Kapitel 4)

Die Vermietung von Dachflächen an Firmen, die darauf Solaranlagen installieren und betreiben, ist einer der cleversten Wege zur Profitmaximierung. Sie stellen Ihre Dachfläche zur Verfügung und erhalten dafür fünf- bis sechsstellige Einmalzahlungen und/oder Gewinnbeteiligungen. Die Wohnfläche können Sie weiterhin uneingeschränkt vermieten – Ihr Schlüssel zur Generierung einer **neuen Einnahmequelle!**

◆ **WG-Vermietung bietet das größte Ertragspotenzial** (Kapitel 5)

Mit der WG-Vermietung ist ein höherer Aufwand als mit der Vermietung an Einzelpersonen verbunden. Den höheren Aufwand rechtfertigt die WG-Vermietung durch das massive Ertragspotenzial. Beispielsweise besteht die Möglichkeit, bei mehreren Mietern die Gemeinschaftsflächen sogar doppelt und dreifach abzurechnen – Ihr Schlüssel zur **Vervielfachung Ihrer Mieteinnahmen**!

In den genannten und weiteren Kapiteln erwarten Sie ausführliche Erklärungen und Einblicke, die Ihnen nicht nur neue Ideen geben, sondern außerdem mit einigen Vorurteilen, die unter Vermietern hartnäckig kursieren, aufräumen. Entdecken Sie mithilfe dieses Ratgebers daher auch den ein oder anderen innovativen Weg, um sich **den zunehmend wandelnden Ansprüchen der Mieter-Klientel anzupassen** und durch neue Techniken einen höheren Profit zu erzielen.

Die in diesem Ratgeber letztgenannten und grundlegenden Techniken – Festlegung der Anfangsmiete (Kapitel 8), Kostenumlage auf Mieter (Kapitel 9) und eigenständiges Ausfüllen der Steuererklärung (Kapitel 10) – sind vor allem für die Leser, die erstmalig eine Immobilie vermieten, zu empfehlen. Trotzdem sollten Sie sich als erfahrener Vermieter diese Kapitel ebenfalls durchlesen, denn eventuell finden Sie hier die ein oder andere Ihnen noch nicht bekannte Methode, mit der Sie Ihren Profit steigern können.

Beachten Sie bei der Umsetzung der genannten Techniken aus diesem Ratgeber, dass Sie gut daran tun, die Spielräume zur Profitmaximierung nie vollends bis zum Maximum auszureizen. In vielen Fällen (z. B. bei Indexmietverträgen; bei der Festsetzung von Mieten in Wohngemeinschaften) mangelt es an konkreten gesetzlichen Bestimmungen, was Ihnen zwar Freiräume für hohen Profit gewährt, doch zu Meinungsverschiedenheiten, Klagen und rechtlichen Auseinandersetzungen mit Mietern führen kann. Daher finden Sie in einigen Kapiteln Hinweise dazu, wie weit Sie beim Ausreizen der Spielräume zur Profitmaximierung gehen können. Halten Sie sich an die Hinweise zu jeder Technik, um sich im rechtlich sicheren Rahmen zu bewegen und

Ihren Profit „sauber" zu maximieren. Wenn Sie so vorgehen, steht einer erfolgreichen Profitmaximierung nichts im Wege.

Viel Erfolg!

1 | Indexmietvertrag abschließen

Der Indexmietvertrag ist in Zeiten, in denen die Inflationsrate hoch ist und der Verbraucherpreisindex (VPI) schnell steigt, für Vermieter äußerst lukrativ. Bei einem Indexmietvertrag wird die Miete an den gestiegenen Verbraucherpreisindex angepasst. Falls die Inflation im Vergleich zum Vorjahresmonat bei beispielsweise 5 % liegt, dürfen Sie als Vermieter die Miete ebenfalls um 5 % erhöhen.

Eine Indexmiete wird zwischen Vermietern und Mietern vertraglich vereinbart. Was bei den Mieterhöhungen zu beachten ist und wie Sie die Mieterhöhung geltend machen, ist im Bürgerlichen Gesetzbuch (BGB) unter dem § 557b festgehalten. Im Folgenden erfahren Sie alle Aspekte, die Vermieter bei der Vereinbarung und Umsetzung einer Indexmiete zu beachten haben.

Was ist der Verbraucherpreisindex und wo erfahren Sie diesen?

Der VPI ist ein speziell für Deutschland ermittelter Index. Dieser bildet die **durchschnittliche Preisentwicklung** aller zu Konsumzwecken gekauften Waren und Dienstleistungen ab. Neben der Preisentwicklung von Waren wie Kleidung und Nahrungsmitteln fließen auch die Kraftstoffpreise und die Miethöhen in die Ermittlung des VPI ein (DESTATIS, 2023). Für die Ermittlung des VPI ist das Statistische Bundesamt (DESTATIS) zuständig. Unter diesem Link finden

Sie die Website des Statistischen Bundesamts: https://www.destatis.de/DE/Home/_inhalt.html.

Vom VPI leitet sich die **Inflationsrate** ab. Die prozentuale Änderung, die der VPI im Vergleich zum Vorjahresmonat zeigt (z. B. Vergleich zwischen Februar 2023 und Februar 2022), ist die Inflationsrate. Sollte der VPI nicht steigen, sondern fallen, so würde es sich nicht um eine Inflations-, sondern um eine Deflationsrate handeln.

Im Gegensatz zur Inflationsrate wird der **VPI in Punkten angegeben.** Wenn Sie als Vermieter die Indexmiete auf Basis des VPI erhöhen wollen, dürfen Sie nicht die Inflationsrate zur Berechnung der neuen Miethöhe anwenden. Stattdessen vergleichen Sie den VPI aus dem aktuellen Monat mit dem VPI des gleichen Monats im Vorjahr. Hierfür stellt Ihnen DESTATIS auf der folgenden Webseite alle relevanten Informationen zur Verfügung: https://www.destatis.de/DE/Themen/Wirtschaft/Preise/Verbraucherpreisindex/Tabellen/Verbraucherpreise-12Kategorien.html.

1. Öffnen Sie auf dieser Seite unter der Zwischenüberschrift „Monatliche Indizes" eine der drei Abteilungen.
2. Dort suchen Sie links in der Tabelle das Jahr und den Monat aus, in dem Sie die Mieterhöhung gemäß Indexmietvertrag vornehmen möchten. Lesen Sie die VPI-Punktzahl ab.
3. Die VPI-Punktzahl für Dezember 2022 ist beispielsweise 120,6.
4. Haben Sie seit Oktober 2020 keine Mieterhöhung vorgenommen und möchten dies jetzt tun, dann nehmen Sie die VPI-Punktzahl aus dem Oktober 2020. Diese beträgt 105,9.
5. Sie stellen fest, dass der VPI seit Oktober 2020 bis Dezember 2022 um 14,7 Punkte gestiegen ist.

Wie Sie die Indexmiete auf Grundlage des um 14,7 Punkte gestiegenen VPI erhöhen? Das erfahren Sie in der folgenden Schritt-für-Schritt-Anleitung!

Fürs Erste haben Sie das erforderliche Basiswissen erworben und wissen nun, was der VPI ist und wo sich die Veränderungen des VPI in Punkten nachlesen lassen.

1. Schritt: Ausgangsmiete bestimmen

Am Anfang eines jeden Indexmietvertrags steht die Bestimmung der Ausgangsmiete. Hierin unterscheidet sich der Indexmietvertrag von keinem anderen Mietvertrag. Im § 557b, Absatz 4 BGB heißt es: „Die §§ 556d bis 556g sind nur auf die Ausgangsmiete einer Indexmietvereinbarung anzuwenden." (Bundesamt für Justiz, 2023) Das bedeutet, dass die **Ausgangsmiete auch bei einem Indexmietvertrag nach dem üblichen Verfahren bestimmt** wird. Falls Sie nicht wissen, wie Sie die Anfangsmiete festlegen können, finden Sie in Kapitel 8 alle wichtigen Informationen dazu.

Sie halten die Ausgangsmiete im Mietvertrag fest und tragen außerdem ein, dass sich die Mieterhöhungen nach dem VPI richten werden. Eine solche Vereinbarung ist gemäß Absatz 1 des § 557b BGB gestattet: „Die Vertragsparteien können schriftlich vereinbaren, dass die Miete durch den vom Statistischen Bundesamt ermittelten Preisindex für die Lebenshaltung aller privaten Haushalte in Deutschland bestimmt wird (Indexmiete)." (Bundesamt für Justiz, 2023)

Um eine **Indexmietvereinbarung im Mietvertrag schriftlich festzuhalten**, schlägt Pachowsky in seinem Ratgeber *Profi-Handbuch Wohnungs- und Hausverwaltung* (2019) den folgenden Satz vor: „Bezüglich der Mieterhöhung gilt der Verbraucherpreisindex entsprechend den gesetzlichen Bestimmungen."

2. Schritt: Voraussetzungen für Mieterhöhung kennen

Damit eine Mieterhöhung gemäß VPI zulässig ist, müssen bestimmte Voraussetzungen erfüllt sein. Diesbezüglich finden sich im zweiten Absatz des § 557b BGB sämtliche wesentliche Vorgaben.

„Während der Geltung einer Indexmiete muss die Miete, von Erhöhungen nach den §§ 559 bis 560 abgesehen, jeweils mindestens ein Jahr unverändert bleiben. Eine Erhöhung nach § 559 kann nur verlangt werden, soweit der Vermieter bauliche Maßnahmen aufgrund von Umständen durchgeführt hat, die er nicht zu vertreten hat. Eine Erhöhung nach § 558 ist ausgeschlossen." (Bundesamt für Justiz, 2023)

Um den Absatz zu verstehen, sei zunächst auf das Grundlegendste eingegangen: Sie dürfen eine Miete nicht mehr als einmal pro Jahr an den gestiegenen VPI anpassen. Eine **Mieterhöhung** durch einen steigenden VPI muss somit **in mindestens einjährigen Abständen** erfolgen. Im Endeffekt schadet Ihnen als Vermieter diese Regelung nicht, denn der VPI steigt in Zeiten der Inflation (Bedenken Sie: Eine Inflationsrate von ca. 2 % gilt unter wirtschaftlichen Gesichtspunkten als wünschenswert.) über das ganze Jahr und darüber hinaus an. Konnten Sie die Miete sechs Monate nach der letzten Erhöhung nicht erneut erhöhen, so werden Sie die Miete ein Jahr nach der letzten Erhöhung um einen höheren Betrag erhöhen können.

Zwei Ausnahmefälle, in denen Sie die Indexmiete auch dann steigern können, wenn die letzte Mieterhöhung weniger als ein Jahr her ist, sind in den §§ 559 und 560 BGB festgehalten: Mieterhöhungen **nach Modernisierungsmaßnahmen** (§ 559 BGB) und Mieterhöhungen **durch Veränderungen**

von Betriebskosten (§ 560 BGB) sind auch bei einer Indexmietvereinbarung jederzeit zulässig.

Was bei einem Indexmietvertrag ausgeschlossen und nicht erlaubt ist, sind die Mieterhöhungen zur ortsüblichen Vergleichsmiete, wie sie der § 558 BGB regelt. Sie müssen sich also vor dem Abschluss eines Mietvertrags entscheiden: Im Mietvertrag vereinbarte Mieterhöhung (Staffelmiete oder Indexmiete) oder stattdessen die Mieterhöhung nach gesetzlichen Vorschriften?

Hinweis!

Eine Indexmietvereinbarung ist für Vermieter derzeit (Stand: Februar 2023) und voraussichtlich in den folgenden Jahren die finanziell lukrativste Vereinbarung, weil die Inflationsrate stark gestiegen ist und angesichts politischer Spannungen, die Auswirkungen auf Import, Export und das allgemeine Preisniveau haben, voraussichtlich weiterhin hoch bleiben wird. Dabei – **das ist sehr wichtig** – gilt bei Mieterhöhungen bei einem Indexmietvertrag **keine Mietpreisbremse!** Diese ist lediglich bei der Festsetzung der Anfangsmiete bei Vertragsabschluss zu beachten.

---

3. Schritt: Mieterhöhung rechnerisch ermitteln (mit Rechenbeispielen)

Nun geht es in die Praxis. Mit dem Wissen darüber, wie Sie die VPI-Punktzahlen ermitteln (siehe: Anfang des Kapitels), können Sie die prozentuale Indexsteigerung bestimmen und auf die Miete anwenden. Zur **Bestimmung der prozentualen Indexsteigerung** wenden Sie die folgende Formel an:

(neuer Indexstand ÷ alter Indexstand) × 100 − 100 = Indexsteigerung (in Prozent)

Dabei ist der alte Indexstand die Punktzahl, die der VPI zum Zeitpunkt der letzten Mieterhöhung hatte. Sollten Sie die Miete noch nie erhöht haben, dann nehmen Sie die Anfangsmiete als Ausgangspunkt und für die Bestimmung des alten Indexstandes verwenden Sie den Zeitpunkt, zu dem der Mietvertrag abgeschlossen wurde.

Die folgenden zwei Beispiele zeigen, wie sich die Mieterhöhung im Indexmietvertrag errechnen lässt. Wichtig ist in allen Fällen, die **Nettokaltmiete als Berechnungsgrundlage** heranzuziehen. Die Mieterhöhung durch Veränderungen von Betriebskosten bleibt von dem VPI nämlich unberührt und ist jederzeit erlaubt.

<u>Erstes Beispiel</u>

Der Mietvertrag wurde im April 2020 geschlossen. Seitdem wurde die Miete nicht erhöht. Die Nettokaltmiete beläuft sich auf 620 Euro.

Im Februar 2023 möchten Sie die Miete erhöhen. Der VPI für Januar und Februar 2023 liegt noch nicht vor. Also nehmen Sie den neuesten VPI, den Sie haben, womit die Wahl auf den VPI aus Dezember 2022 fällt.

Auf der Seite https://www.destatis.de/DE/Themen/Wirtschaft/Preise/Verbraucherpreisindex/Tabellen/Verbraucherpreise-12Kategorien.html unter „Monatliche Indizes" finden Sie für Dezember 2022 den Indexstand 113,2 und für April 2020 den Indexstand 100,4 (DESTATIS, 2023). Diese beiden Zahlen setzen Sie in die Formel ein.

$$(\textit{neuer Indexstand} \div \textit{alter Indexstand}) \times 100 - 100 = \textit{Indexsteigerung (in Prozent)}$$

$$(113{,}2 \div 100{,}4) \times 100 - 100 \approx 12{,}75$$

Runden Sie zur Sicherheit ab und rechnen Sie mit 12 Prozent. So vermeiden Sie kleinliche Beschwerden über eine zu starke Mieterhöhung. Um die neue Miete zu berechnen, können Sie die alte Miete mit 1,12 multiplizieren. **Wieso 1,12?**

- Die bisherige Miete ist ein Ganzes (also 1) bzw. 100 %.
- Um die abgerundeten 12 % Mietanstieg einzukalkulieren, rechnen Sie 12 % in eine Dezimalzahl um. In eine Dezimalzahl umgerechnet, ist 12 % gleich 0,12.
- Diese 0,12 schlagen Sie auf ein Ganzes auf und erhalten dadurch die Zahl 1,12 als Faktor, mit dem Sie die bisherige Miete multiplizieren, um die neue und erhöhte Miete zu errechnen.

$$\textit{Neue Miete} = \textit{Alte Miete} \times (1 + \textit{Anstieg des VPI})$$

$$\textit{Neue Miete} = 620 \; \textit{Euro} \times (1 + \textit{Anstieg des VPI})$$

$$\textit{Neue Miete} = 620 \; \textit{Euro} \times 1,12$$

$$\textit{Neue Miete} = 694,40 \; \textit{Euro}$$

<u>Zweites Beispiel</u>

Der Indexmietvertrag wurde im Juni 2018 geschlossen und seitdem mehrmals erhöht. Die letzte Erhöhung fand im November 2021 statt. Seit diesem Zeitpunkt beträgt die Nettokaltmiete 822 Euro.

Ein Jahr später, November 2022, möchten Sie die Miete erneut erhöhen. Also nutzen Sie für die Rechnung den VPI aus dem November 2021, der sich auf 104,5 Punkte beläuft (DESTATIS, 2023). Für den November 2022 haben Sie keinen VPI vorliegen.

Sie könnten für die Rechnung einen älteren VPI nehmen, doch stattdessen entscheiden Sie sich, 1–2 Monate zu warten, bis Ihnen der VPI für November 2022 vorliegt. Der VPI für November 2022 beträgt 113,7 Punkte (DESTATIS, 2023). Für die Rechnung ergibt sich:

$$(neuer\ Indexstand \div alter\ Indexstand) \times 100 - 100 = Indexsteigerung\ (in\ Prozent)$$

$$(113,7 \div 104,5) \times 100 - 100 \approx 8,80$$

Sie runden vorsichtshalber auf 8,5 % ab und rechnen die Mieterhöhung von 822 Euro nach dem bekannten Verfahren durch:

$$Neue\ Miete = Alte\ Miete \times (1 + Anstieg\ des\ VPI)$$

$$Neue\ Miete = 822\ Euro \times (1 + 0,085)$$

$$Neue\ Miete = 822\ Euro \times 1,085$$

$$Neue\ Miete = 891,87\ Euro$$

4. Schritt: Mieterhöhung korrekt mitteilen

Die Mieterhöhung müssen Sie bei einer Indexmietvereinbarung **in Textform mitteilen**. Andernfalls hat die Mieterhöhung keine Gültigkeit. Um dem Mieter die Mieterhöhung korrekt mitzuteilen, sind die Anforderungen des § 557b, Absatz 3 BGB zu berücksichtigen:

„Eine Änderung der Miete nach Absatz 1 muss durch Erklärung in Textform geltend gemacht werden. Dabei sind die eingetretene Änderung des Preisindexes sowie die jeweilige Miete oder die Erhöhung in einem Geldbetrag anzugeben. Die geänderte Miete ist mit Beginn des übernächsten Monats nach dem Zugang der Erklärung zu entrichten." (Bundesamt für Justiz, 2023)

Sie haben demnach in dem Schreiben die Wahl, ob Sie die neue Miethöhe mitteilen oder ob Sie den Betrag, um den sich die Miete erhöht, angeben. Ist das Schreiben mit Information über die Mieterhöhung eingegangen, so gilt **ab dem übernächsten Monat die geänderte Miete.** Wenn das Schreiben also im März 2023 eingeht, muss der Mieter ab Mai 2023 die geänderte Miete überweisen oder Sie dürfen die geänderte Miete ab dann abbuchen.

Abschließende Hinweise und Bewertung von Indexmietverträgen

Geschlossen wird der § 557b BGB zur Indexmiete mit dem fünften Absatz und dem Hinweis: „Eine zum Nachteil des Mieters abweichende Vereinbarung ist unwirksam." (Bundesamt für Justiz, 2023) Dies sollten Sie bei Vertragsabschluss berücksichtigen. Halten Sie sich bei der Indexmietvereinbarung an die Vorschriften des § 557b BGB, damit der Vertrag wirksam bleibt.

Für Sie als Vermieter ist der Indexmietvertrag eine potenzielle Goldgrube. Weder Mietpreisbremsen noch Kappungsgrenzen gelten bei dieser Art von Vertrag. **Mieter sind kaum gegen den inflationsbedingt rapiden Anstieg der Indexmieten geschützt.** Lediglich das Gesetz gegen sittenwidrige Rechtsgeschäfte und gegen Wucherpreise (§ 138 BGB) könnte Mietern unter Umständen einen Schutz bieten, doch ab wann im Zusammenhang mit Mieten von Wucherpreisen gesprochen werden kann, ist unklar.

In den vergangenen Jahrzehnten ist der VPI stets gestiegen und seit dem Russland-Ukraine-Krieg und dessen Auswirkungen auf die deutsche Wirtschaft hat der Anstieg des VPI an Dynamik gewonnen. **Jährliche Inflationsraten von über 8 % könnten in Zukunft die Norm sein.** Unter diesen Bedingungen ist der Indexmietvertrag ein äußerst mächtiger

Schlüssel zur Profitmaximierung aus der Vermietung. Vermieter können die Mieten sogar bis über 20 % oberhalb der ortsüblichen Vergleichsmiete erhöhen und müssen sich auch dann noch keine Sorgen darum machen, ob dies als Wucherpreis bewertet werden könnte.

Eine der wenigen Kehrseiten am Indexmietvertrag ist, dass sich üblicherweise **weniger Mieter finden lassen, die zum Abschluss von Indexmietverträgen bereit sind.** Außerdem dürfen Mieter auf einen gesunkenen VPI aufmerksam machen und eine Mietminderung verlangen. Jedoch ist dieser Nachteil kaum zu gewichten, denn zu einem sinkenden VPI dürfte es praktisch nie kommen – schon allein deswegen nicht, weil eine minimale Inflation von circa 2 % von Staaten aus wirtschaftlichen und finanzpolitischen Gründen angestrebt wird.

2 | Staffelmietvertrag abschließen

Die Staffelmiete hat mit der Indexmiete gemeinsam, dass die Mieterhöhungen nach einer Vereinbarung erfolgen. Allerdings wird bei einem Staffelmietvertrag nicht die Vereinbarung geschlossen, dass sich die Miethöhe nach dem VPI richtet. Stattdessen vereinbaren Vermieter und Mieter für mehrere Jahre im Voraus, um welche konkreten Beträge die Miete ansteigt.

Eine Besonderheit beim Staffelmietvertrag ist die Möglichkeit, den Mieter bis zu vier Jahre lang an den Mietvertrag zu binden, was Vermietern eine mittel- bis langfristige Planungssicherheit verschafft und einem Leerstand der Immobilie vorbeugt.

Geregelt ist die Staffelmiete in § 557a BGB. Sie erfahren in diesem Kapitel die wichtigsten gesetzlichen Bestimmungen zur Staffelmiete. Zudem erhalten Sie Anleitungen dazu, wie Sie diese rechtskonform umsetzen. Darüber hinaus sind in diesem Kapitel einige Beispiele für Mieterhöhungen gemäß einem Staffelmietvertrag aufgeführt.

Staffelmietvertrag korrekt formulieren und umsetzen

Bei einem Staffelmietvertrag vereinbaren Sie „die Miete für bestimmte Zeiträume in unterschiedlicher Höhe schriftlich", wie in § 557a, Absatz 1 BGB geschrieben steht (Bundesamt für Justiz, 2023). Hiermit ist gemeint, dass Sie, abgesehen von der Anfangsmiete, die **Mieterhöhungen für die folgenden Jahre des Mietverhältnisses im Voraus festlegen**. Dabei gilt gemäß § 557a, Absatz 2 BGB, dass die Miete „jeweils ein Jahr unverändert bleiben" muss (Bundesamt für Justiz, 2023).

Korrekt gehen Sie dabei wie folgt vor:

1. Sie legen die Anfangsmiete fest und erwähnen den jeweiligen Betrag im Mietvertrag. Eine mögliche Formulierung wäre: „Die Grundmiete beträgt 500,00 €."
2. Nun legen Sie die Mieterhöhungen fest. Beachten Sie: Die Miete muss mindestens ein Jahr unverändert bleiben. Das bedeutet, dass Sie die nächste Mieterhöhung frühestens ein ganzes Jahr nach dem Beginn des Mietverhältnisses vornehmen dürfen.
3. Entweder legen Sie die erste Mieterhöhung exakt ein Jahr nach Mietbeginn fest oder Sie planen diese für einen späteren Zeitpunkt ein. Sie könnten beispielsweise die Miete alle 1,5 Jahre oder alle 2 Jahre erhöhen.
4. Sie erwähnen im Staffelmietvertrag das konkrete Datum und den konkreten Betrag, an dem sich die Grundmiete erhöht. Beispielsweise könnte ein Satz lauten: „Die Grundmiete erhöht sich zum 01.01.2024 auf 530,00 €, zum 01.01.2025 auf 560,00 € und zum 01.01.2026 auf 590,00 €."

Wichtig ist, dass Sie im Mietvertrag **alle Mietstaffeln konkret benennen und explizit die Beträge eintragen**, auf die sich die Miete erhöhen wird. Zu schreiben, dass die Miete um 4 % ansteigt, ist nicht erlaubt. Gemäß einem Urteil des BGH vom 15.02.2012 unter dem Aktenzeichen „VIII ZR 197/11" sind prozentuale Angaben zu Mieterhöhungen bei Staffelmietverträgen nicht zulässig (Bundesgerichtshof, 2012). Darüber hinaus ist in § 557a, Absatz 1 BGB explizit erwähnt, dass „in der Vereinbarung [...] die jeweilige Miete oder die jeweilige Erhöhung in einem Geldbetrag auszuweisen" ist (Bundesamt für Justiz, 2023).

Bei der **Festsetzung der Anfangsmiete** müssen Sie sich wie beim Indexmietvertrag und bei jedem anderen Mietvertrag an die Vorgaben des § 556d BGB halten. Sie orientieren sich zur Bestimmung der Anfangsmiete an der ortsüblichen Vergleichsmiete und berücksichtigen die Mietpreisbremse:

> „Wird ein Mietvertrag über Wohnraum abgeschlossen, der in einem durch Rechtsverordnung nach Absatz 2 bestimmten Gebiet mit einem angespannten Wohnungsmarkt liegt, so darf die Miete zu Beginn des Mietverhältnisses die ortsübliche Vergleichsmiete [...] höchstens um 10 Prozent übersteigen." (Bundesamt für Justiz, 2023).

Nach der Festlegung der Anfangsmiete legen Sie die Mieterhöhungen im Voraus fest. Hierbei sollten Sie darauf achten, dass Sie dem Mieter keine unzumutbaren Mieterhöhungen aufbürden. Gemäß § 5, Absatz 2 des Wirtschaftsstrafgesetzes (WiStrG) sollten Sie **keine Mieterhöhungen vornehmen, nach denen die Miete die ortsübliche Vergleichsmiete um mehr als 20 % übersteigt** (Bundesamt für Justiz 2023). Andernfalls liegt eine Mietpreisüberhöhung bzw. ein Wuchergeschäft vor, sodass der Mietvertrag rückwirkend angefochten werden kann. Halten Sie sich an diese Empfehlungen und der Mieter stimmt den Mieterhöhungen im Staffelmietvertrag zu, so sind Sie auf der sicheren Seite und der Mieter kann die Mieterhöhungen nicht mehr anfechten.

Zu beachten ist, dass Sie gemäß § 557a, Absatz 2 BGB während der Laufzeit des Staffelmietvertrags **keine Mieterhöhungen zur ortsüblichen Vergleichsmiete** und **keine Mieterhöhungen nach Modernisierungsmaßnahmen** vornehmen dürfen (Bundesamt für Justiz, 2023). Mieterhöhungen durch Veränderungen der Betriebskosten sind hingegen wie bei jeder Art von Mietvertrag gestattet.

Bindung an Mietpreisbremse, jedoch keine Bindung an Kappungsgrenze

Bei einem Staffelmietvertrag gilt die Mietpreisbremse, jedoch nicht die Kappungsgrenze. Bezüglich der Mietpreisbremse sind in § 557a, Absatz 4 BGB die entsprechenden Bestimmungen aufgeführt:

„Die §§ 556d bis 556g sind auf jede Mietstaffel anzuwenden. Maßgeblich für die Berechnung der nach § 556d Absatz 1 zulässigen Höhe der zweiten und aller weiteren Mietstaffeln ist statt des Beginns des Mietverhältnisses der Zeitpunkt, zu dem die erste Miete der jeweiligen Mietstaffel fällig wird. Die in einer vorangegangenen Mietstaffel wirksam begründete Miethöhe bleibt erhalten." (Bundesamt für Justiz, 2023)

Wichtig ist im Zusammenhang mit der Mietpreisbremse der § 556d, Absatz 1. Hier ist festgehalten, dass in Gebieten mit angespanntem Wohnungsmarkt die Miete zu Beginn des Mietverhältnisses die ortsübliche Vergleichsmiete höchstens um 10 % übersteigen darf (Bundesamt für Justiz, 2023). Für den Staffelmietvertrag ist vorgesehen, dass **bei der Berechnung jeder Mietstaffel die Mietpreisbremse berücksichtigt werden muss** (siehe Zitat oben). Vor jeder Mietstaffel wird anhand der aktuellen ortsüblichen Vergleichsmieten geprüft, ob die Mietpreisbremse nach wie vor eingehalten wird. Falls sich zum Zeitpunkt einer neuen Mietstaffel herausstellt, dass die Mietpreisbremse überschritten wird, wird die Miete auf ein gesetzeskonformes Niveau gesenkt, aber der Staffelmietvertrag bleibt nach wie vor gültig.

Nun von der Mietpreisbremse zur **Kappungsgrenze**: Die Kappungsgrenze meint, dass während des Mietverhältnisses eine Erhöhung der Miete auf das Niveau der ortsüblichen Vergleichsmiete nur dann erfolgen darf, wenn sich die Miete innerhalb von drei Jahren nicht um mehr als 15 oder 20 % erhöht. Grundsätzlich gilt eine Kappungsgrenze von 20 %, doch einige Städte und Gemeinden haben diese auf 15 % gesenkt, sodass Sie sich über die Kappungsgrenze für Ihre Stadt und Gemeinde gesondert informieren sollten. Ausgeschlossen von dieser Regel sind Mieterhöhungen nach Modernisierungsmaßnahmen und Mieterhöhungen durch Veränderungen der Betriebskosten, wie in § 558, Absatz 3 BGB festgehalten ist (Bundesamt für Justiz, 2023). **Dieses Gesetz greift bei einem Staffelmietvertrag nicht**, da auch der § 558 bei einem Indexmietvertrag keine Gültigkeit hat. Wenn Sie darauf achten, dass die Miete bei jeder Mietstaffel nicht 20 % oberhalb der ortsüblichen Vergleichsmiete liegt (zur Vermeidung eines Wuchergeschäfts), darf die Miete innerhalb von drei Jahren um mehr als 15 oder 20 % ansteigen.

Vertraglich langjährige Bindung der Mieter üblich

In § 557a, Absatz 3 BGB steht geschrieben:

> „Das Kündigungsrecht des Mieters kann für höchstens vier Jahre seit Abschluss der Staffelmietvereinbarung ausgeschlossen werden. Die Kündigung ist frühestens zum Ablauf dieses Zeitraums zulässig." (Bundesamt für Justiz, 2023)

Üblich sind bei anderen Mietverträgen als Staffelmietverträgen Mindestmietdauern von einem Jahr oder eine dreimonatige Kündigungsfrist. Eine Ausnahme hiervon bilden Mietverträge zwischen Vermietern und Geschäftskunden. Anders verhält es sich bei Staffelmietverträgen.

Bei einer Staffelmiete dauern Mietverträge stets länger. Da es keinen Sinn macht bzw. unmöglich ist, Mieterhöhungen für die nächsten Jahre zu bestimmen, aber den Vertrag nur ein Jahr laufen zu lassen, werden **Staffelmietverträge häufig über mindestens drei Jahre** oder über die Maximaldauer von vier Jahren abgeschlossen.

Vor- und Nachteile des Staffelmietvertrags

Es ist nicht leicht, Mieter mit der Bereitschaft zu einer mehrjährigen Mietdauer zu finden. Dies ist ein Nachteil bei Staffelmietverträgen. Sollte Ihre Mietersuche erfolgreich sein und sollten Sie einen Staffelmietvertrag abschließen, dann dürfen Sie sich als Vermieter darüber freuen, dass Sie **für die nächsten paar Jahre definitiv eine vermietete Immobilie** haben werden und Ihnen darüber hinaus Streitigkeiten über Mieterhöhungen erspart bleiben, denn die Mieterhöhungen sind bereits mehrere Jahre im Voraus festgelegt und der Mieter hat diesen zugestimmt. Dies sind zwei erhebliche Vorteile.

> *Tipp!*
>
> Was die Mietersuche erleichtern dürfte, ist die mit dem Staffelmietvertrag einhergehende Transparenz. Der Mieter weiß für mehrere Jahre im Voraus, wie stark die Miete steigt. Dementsprechend kann er seine finanzielle Situation besser planen. Dieses Argument, also die Transparenz in Bezug auf künftige Mieterhöhungen, können Sie in Verhandlungen mit Mietern als Pro-Argument für den Abschluss eines Staffelmietvertrags einfließen lassen.

Nachteilig ist die Tatsache, dass Sie während der Dauer des Staffelmietvertrags **keine Mieterhöhungen nach Moder-**

nisierungen vornehmen können. Letztlich spielt dieser Nachteil nur eine geringfügige Rolle. Sofern eine Modernisierung nicht gesetzlich verpflichtend ist, können Sie mit dieser bis nach dem Ablauf des Staffelmietvertrags warten und die Maßnahmen erst dann durchführen lassen. Danach können Sie in einem neuen Mietvertrag eine höhere und eine den verbesserten Gebäudeeigenschaften angepasste Miete verlangen.

Ein Vorteil, der auch ein Nachteil sein kann: die festgelegten Mieterhöhungen. Sollte es Ihnen gelingen, mit dem Mieter **relativ hohe Mieterhöhungen von z. B. 10 % pro Jahr** zu vereinbaren, dann ist es wahrscheinlich, dass Sie durch einen Staffelmietvertrag Ihren Profit maximieren. Anders verhält es sich, wenn Sie deutlich geringere Mieterhöhungen vereinbaren, denn in diesem Fall besteht die Gefahr, dass sich die ortsübliche Vergleichsmiete besser entwickelt, wobei Ihnen die fest vereinbarten Beträge in den Mietstaffeln die Möglichkeit nehmen, Ihre Miete auf das Niveau der ortsüblichen Vergleichsmiete anzuheben.

Abschließende Hinweise und Bewertung von Staffelmietverträgen

Der Abschluss von Staffelmietverträgen empfiehlt sich vor allem dann, wenn Sie bei der Vermietung **in erster Linie eine lange Mietdauer erreichen** möchten und erst in zweiter Linie eine Profitmaximierung anstreben. Lange Mietdauern von mindestens drei Jahren beugen dem Gebäudeleerstand vor und tragen auf diese Weise zur Prävention von monatelang ausbleibenden Einnahmen bei. Letzteres, ausbleibende Einnahmen, tritt des Öfteren bei Mietverträgen mit kurzen Laufzeiten ein.

In Zeiten mit hoher Inflation erweist sich der Indexmietvertrag im Vergleich zum Staffelmietvertrag als die bessere

Technik zur Profitmaximierung. Doch beim Indexmietvertrag entfällt die mehrjährige vertragliche Bindung des Mieters. Staffelmietverträge sind daher eine gute Technik für Vermieter, die sich **seltener um die Suche nach neuen Mietern kümmern** möchten und sich einen geringen Aufwand bei der Vermietung wünschen, aber dennoch eine Profitsteigerung anpeilen.

3 | Vermietung mit Mobiliar

Bei der Vermietung einer möblierten Immobilie dürfen Vermieter eine höhere Miete verlangen, weil die Möblierung den Nutzwert der Immobilie erhöht. Die Tatsache, dass Mieter die Wohnung nicht selbst möblieren müssen und nach dem Einzug einen geringeren Aufwand haben, führt im Allgemeinen zu einer gestiegenen Bereitschaft, eine höhere Miete zu zahlen.

Inwiefern die Mehreinnahmen aus der Miete den zusätzlichen Aufwand, den Vermieter durch die Möblierung haben, rechtfertigen, wird in diesem Kapitel erläutert. Zudem werden Rechenbeispiele einen konkreten Eindruck davon vermitteln, welchen finanziellen Mehrwert eine Möblierung der Immobilie den Vermietern verschaffen kann.

Fakt ist, dass die Mieternachfrage nach möblierten Immobilien steigt. Veränderungen in der Arbeitswelt und der Lebensstil der Personen, die seit den 1990er-Jahren geboren wurden, haben zur Folge, dass der Wunsch nach Flexibilität groß geworden ist. Das Ziel, Immobilieneigentum zu besitzen und sich örtlich fest zu binden, gerät immer mehr in den Hintergrund. Ein zu diesem Wandel der Mieter-Klientel passendes Angebot ist das Konzept der möblierten Vermietung.

Grundlegende Informationen zum Möblierungszuschlag und zur Klientel

Der Zuschlag auf die übliche Miethöhe, den Vermieter verlangen dürfen, wird als Möblierungszuschlag bezeichnet. Ein solcher Zuschlag ist berechtigt, wenn eine Wohnung möbliert ist. Was offensichtlich klingt, ist es keineswegs: **Wann eine Möblierung vorliegt, ist rechtlich nämlich nicht definiert.** Die Tatsache, dass jede Person eine andere Vorstellung vom Umfang einer Möblierung haben kann, erschwert den Sachverhalt.

Wenn Sie Missverständnisse mit Mietern vermeiden und auf der sicheren Seite des Gesetzes sein möchten, richten Sie sich bestenfalls nach der hilfreichen Erläuterung der Experten von Mietrecht.org (2017):

„§ 549 Abs.2 Nr.2 BGB lässt sich [...] entnehmen, wann das Gesetz von einer **Möblierung** ausgeht. Dies ist dann der Fall, wenn die **Wohnung ganz oder überwiegend** mit *Einrichtungsgegenständen* ausgestattet ist. Um von einer überwiegenden Ausstattung sprechen zu können, wird verlangt, dass der Vermieter **mehr als die Hälfte der für eine Haushaltsführung erforderlichen Einrichtungsgegenstände stellt** (vgl. Blank, in: Schmidt-Futterer, Mietrecht, § 549 BGB Rn.11). Auch wenn sich dies aus § 549 Abs.2 Nr.2 BGB nicht unmittelbar ergibt, wird verbreitet außerdem **gefordert**, dass es sich bei den Einrichtungsgegenständen um funktional **wesentliche** handelt.

Hierzu zählen insbesondere:

- Betten,
- Schränke, Kommoden o. Ä.,
- Tische und Stühle,

- Sofas,
- Regale,
- Lampen,
- Teppiche,
- Bettwäsche,
- Gardinen,
- Kücheneinrichtung."

Unter der Kücheneinrichtung sind neben Tellern, Besteck und einem Tisch mit Stühlen außerdem mindestens **eine Spüle, ein Kühlschrank, ein Herd und ein Backofen** zu verstehen. Ein Geschirrspüler, eine Mikrowelle und eine Kaffeemaschine sind nicht notwendig. Zudem können Sie in günstige Geräte investieren und beispielsweise einen kleinen Kühlschrank, einen Induktionsherd zum Anschluss an die Steckdose und einen kleinen Backofen erwerben. Zwar hat eine derart spartanische Einrichtung eventuell negative Auswirkungen auf die Menge an Mietinteressenten, doch mit dem Gesetz geraten Sie nicht in Konflikt.

Sie nehmen durch die vollständige Möblierung der Immobilie einen **finanziellen und zeitlichen Aufwand** auf sich. Ob sich dieser Aufwand lohnt, wird vor allem durch die Abnutzung der Möbel bestimmt. Sofern die Möbel über die gesamte vorgesehene Nutzungsdauer von sieben Jahren (Hamburger Modell: mehr dazu weiter unten) oder zehn Jahren (Berliner Modell: mehr dazu weiter unten) in einem akzeptablen Zustand verbleiben, werden Sie durch den Möblierungszuschlag in jedem Fall einen finanziell lukrativen Gewinn machen. Beim Hamburger Modell zur Berechnung der Höhe des Möblierungszuschlags wird beispielsweise eine **Kapitalverzinsung von zwölf Prozent auf das für die Anschaffungskosten aufgewendete Kapital** angenommen, was einer im Vergleich zu klassischen Kapitalanlagen (z. B. Aktien, Kryptowährungen, Edelmetalle) beachtlichen und sicheren Rendite entspricht. Es verbleibt lediglich ein Unsicherheitsfaktor für Sie als Vermieter: Sie können sich nicht sicher sein, ob die Inneneinrichtung über die Nutzungsdauer erhalten bleibt oder aufgrund von Schäden repariert oder ersetzt werden muss. Die Reparatur oder der Ersatz weniger Einrichtungsgegenstände werden die Rendite nicht allzu stark schmälern, doch problematisch wird es bei Mietverhältnissen, in denen der jeweilige Mieter rücksichtslos mit der Inneneinrichtung umgeht.

> **Tipp!**
>
> Listen Sie in dem Mietvertrag das Inventar auf. Halten Sie im Mietvertrag außerdem fest, dass der Mieter sich zu einem verantwortungsbewussten Umgang mit der Inneneinrichtung verpflichtet. Sollten Gegenstände durch grob fahrlässige Nutzung kaputtgehen oder sollten diese abhandenkommen, dann können Sie ein Entgelt oder den Ersatz der Gegenstände durch den Mieter verlangen.

Letztlich ist das Problem, dass Mieter eventuell sorglos mit der Inneneinrichtung umgehen, vergleichbar mit dem Problem der **Mietnomaden**. Somit besteht in jedem Mietverhältnis – egal, ob mit möblierter oder unmöblierter Immobilie – für Vermieter das Risiko, einen problematischen Mieter auszuwählen und dadurch erhebliche Nachteile zu erleiden. Die Besonderheit bei der **möblierten Vermietung** ist, dass dieses **Risiko hier statistisch betrachtet geringer** ausfällt. Wieso ist das Risiko tatsächlich geringer? Zur Begründung erweisen sich einige Informationen über die voraussichtliche Klientel als hilfreich.

Die meisten Mieter, die möblierte Immobilien mieten, sind Berufstätige, Studierende und Azubis, die lediglich für einen Zeitraum von einem Jahr oder einigen wenigen Jahren in der Immobilie wohnen möchten. Diese Personen sind in der Regel häufig unterwegs, weswegen auf die **gesamte Immobilie und deren Einrichtung ein geringerer Nutzungsgrad** entfällt. Bei Berufstätigen, die z. B. aus beruflichen Gründen für ein Jahr in eine möblierte Immobilie ziehen, übernehmen manchmal die Arbeitgeber die Miete. Bei solchen Mietverhältnissen ist die **Zuverlässigkeit, dass Sie Ihre Miete pünktlich und ohne Abschläge erhalten, überdurchschnittlich hoch.**

Obgleich solch eine Klientel nicht garantiert ist, haben die Erfahrungen mit der möblierten Vermietung gezeigt, dass insbesondere Vermieter in Großstädten mit einem großen Angebot an Arbeitsplätzen binnen weniger Wochen zahlreiche Anfragen vorliegen haben. Inmitten dieser Anfragen finden sich oftmals Mietinteressenten, die die geschilderten Idealbedingungen erfüllen.

Um die Mietinteressenten für die eigene Immobilie zu gewinnen, sollten Sie die Immobilie optisch **ansprechend einrichten** und **auf eine grundlegende Qualität der Einrichtung achten.** An der Dekoration und an Möbeln mit einem geringen Nutzungsgrad (z. B. Regale, Badezimmerschränke) können Sie sparen, doch häufig genutzte elektrische Geräte und Möbel (z. B. Herd, Kühlschrank, Backofen, Tisch und Stühle, Bett) sollten einem gehobenen Qualitätsstandard entsprechen, damit die Gegenstände der Nutzung standhalten und die Mieter durch einen hohen Grad an Komfort zufriedenstellen.

Rechenbeispiele

In den nächsten Abschnitten lernen Sie das Hamburger und das Berliner Modell kennen. Beides sind Techniken, anhand derer Sie die **Höhe des Möblierungszuschlags bei der Vermietung einer möblierten Immobilie bestimmen.**

Bei beiden Modellen sind die Anschaffungskosten und der Zeitwert der gekauften Gegenstände maßgeblich für die Höhe des Möblierungszuschlags und somit der Miete.

Sie erfahren aus den Rechenmethoden, in welchem Ausmaß die Möblierung den Profit aus der Vermietung steigern kann. Dies wird es Ihnen erleichtern, eine Entscheidung zu treffen, ob die Technik der Möblierung eine gute Option für Sie ist.

Berliner Modell

Im Berliner Modell benötigen Sie zur Berechnung des Möblierungszuschlags vier Kennzahlen:

- **Anschaffungskosten für Möbel und Dekoration (AK)**

  Alles an Einrichtung, die Sie dem Mieter zur Nutzung überlassen, darf in den Möblierungszuschlag einberechnet werden. Hierzu gehört neben den Möbeln auch die Dekoration. Sie benötigen die Rechnungen über den Kauf der Inneneinrichtung. Sämtliche Rechnungsbeträge addieren Sie zusammen, wodurch Sie die gesamten Anschaffungskosten errechnen.

- **Nutzungsdauer (N)**

  Die Annahme im Berliner Modell ist, dass die Nutzungsdauer für sämtliche Einrichtungsgegenstände bei zehn Jahren liegt und die Einrichtung danach keinen Wert mehr hat.

- **Verbleibende Abschreibungsdauer (VA)**

  Sie kennen es selbst: Mit den Jahren nutzen Gegenstände ab. Dies wird im Steuerrecht berücksichtigt, indem die verschiedensten Objekte (Maschinen, Fahrzeuge, Laptops, Möbel etc.) über eine bestimmte

Nutzungsdauer abgeschrieben werden. Sie wissen, dass die Nutzungsdauer bei Mobiliar und Dekoration beim Berliner Modell auf zehn Jahre festgesetzt ist. Dies ist gleichzeitig die Abschreibungsdauer. Sie werden in den beiden Rechenbeispielen weiter unten merken, dass die verbleibende Abschreibungsdauer als Kennzahl dazu dient, den von Jahr zu Jahr schwindenden Wert der Einrichtung zu berücksichtigen.

- **Kapitalverzinsung (KVZ)**

Jetzt wird es für Sie mit Blick auf die Profitmaximierung interessant, denn die Kapitalverzinsung ist in der Rechnung die Komponente, die Ihnen einen Profit beschert. Sie rechnen mit einer monatlichen Kapitalverzinsung von 2 % (BERLINER MIETER-VEREIN, 2020). Dies entspricht einer jährlichen Kapitalverzinsung von knapp 12,7 %. Ein Tipp: Vergleichen Sie diese Rendite von 12,7 % p. a. mit der üblichen Jahresrendite von Aktienfonds und anderen herkömmlichen Geldanlagen! Sie werden dabei merken, dass 12,7 % Kapitalverzinsung eine brillante Rendite sind!

Sie kennen jetzt die Kennzahlen, die Sie im Berliner Modell für die Berechnung des Möblierungszuschlags benötigen, und verstehen den Sinn der Kennzahlen. Nun berechnen Sie den Möblierungszuschlag (MZ) mithilfe der folgenden Formel:

$$MZ = AK \div N \times VA \times KVZ$$

- Für ein Rechenbeispiel sei von **Anschaffungskosten (AK)** in Höhe von 12.000 € ausgegangen.
- Die **Nutzungsdauer (N)** beträgt zehn Jahre, die Zahl „10" lassen Sie immer unverändert in der Formel stehen.

- Bei der **verbleibenden Abschreibungsdauer (VA)** hängt der Wert davon ab, in welchem Jahr der Abschreibung Sie sich befinden. Beispielsweise würden Sie in der Formel im ersten Jahr der Vermietung für „VA" die Zahl „10" einsetzen, da noch zehn Jahre Abschreibungsdauer verbleiben, während Sie im fünften Jahr der Vermietung für „VA" die Zahl „6" einsetzen würden, weil noch sechs Jahre Abschreibungsdauer ausstehen.
- Mit 2 % ist der Wert für die **Kapitalverzinsung (KVZ)** beim Berliner Modell ebenfalls fest definiert und wird nie geändert. Sie nutzen in der Formel die Dezimalzahl „0,02" anstelle der 2 %.

So sieht die Formel im ersten Jahr der Vermietung bei Anschaffungskosten in Höhe von 12.000 € für die Inneneinrichtung aus:

$$MZ = 12.000\ € \div 10 \times 10 \times 0{,}02$$

Es errechnet sich hieraus ein monatlicher Möblierungszuschlag in Höhe von 240 €. Dieser gilt allerdings nur für das erste Jahr. Im zweiten Jahr wird der gesunkene Nutzwert der Möbel zugunsten des Mieters berücksichtigt, indem im Rahmen der Abschreibung für die Kennzahl „VA" der Wert „9" eingesetzt wird. Dementsprechend lautet der neue Möblierungszuschlag nun:

$$MZ = 12.000\ € \div 10 \times 9 \times 0{,}02$$

$$MZ = 216\ €$$

In den Folgejahren sinkt der Möblierungszuschlag weiter. Um Ihnen anhand eines konkreten Betrags zu demonstrieren, welchen zusätzlichen finanziellen Mehrwert Sie durch die Vermietung der möblierten Immobilie erhalten, wird nun ein

zweites Rechenbeispiel mit Anschaffungskosten in Höhe von 6.000 € komplett bis zum Ende der Nutzungsdauer durchgeführt. In diesem Beispiel werden die monatlichen Einnahmen aus dem Möblierungszuschlag mit der Zahl „12" multipliziert und dadurch aufs gesamte Jahr hochgerechnet. Am Ende werden alle zusätzlichen Jahreseinnahmen aus dem Möblierungszuschlag aus den zehn Jahren Nutzungsdauer addiert und ins Verhältnis zu den Anschaffungskosten in Höhe von 6.000 € gesetzt.

Jahr der Vermietung	Rechnung	Höhe des monatlichen Möblierungszuschlags	Jahreseinnahmen aus dem Möblierungszuschlag
1	6.000 € ÷ 10 × 10 × 0,02	120 €	1.440 €
2	6.000 € ÷ 10 × 9 × 0,02	108 €	1.296 €
3	6.000 € ÷ 10 × 8 × 0,02	96 €	1.152 €
4	6.000 € ÷ 10 × 7 × 0,02	84 €	1.008 €
5	6.000 € ÷ 10 × 6 × 0,02	72 €	864 €
6	6.000 € ÷ 10 × 5 × 0,02	60 €	720 €
7	6.000 € ÷ 10 × 4 × 0,02	48 €	576 €
8	6.000 € ÷ 10 × 3 × 0,02	36 €	432 €
9	6.000 € ÷ 10 × 2 × 0,02	24 €	288 €
10	6.000 € ÷ 10 × 1 × 0,02	12 €	144 €

Gesamteinnahmen aus dem Möblierungszuschlag bei 10 Jahren Nutzungsdauer	7.920 €

6.000 € haben Sie an Anschaffungskosten investiert. Über die zehn Jahre Dauer der Vermietung einer möblierten Immobilie erhalten Sie allein durch den Möblierungszuschlag 7.920 €. Bei Abzug der Kosten ergibt dies einen **Gewinn in Höhe von 1.920 €.** Dieser Betrag allein sagt allerdings wenig aus, denn wenn Sie statt der Möblierung Ihrer Immobilie die 6.000 € mit der realistischen Annahme einer Rendite von 5 % p. a. an der Börse angelegt hätten, hätten Sie durch den Wertzuwachs der Wertpapiere und den Zinseszins einen höheren Gewinn gemacht. Macht dieser Vergleich die möblierte Vermietung zu einer finanziell eher nicht lukrativen Investition?

- Nein, denn es ist im Vergleich mit anderen Kapitalanlagen wichtig, beim Möblierungszuschlag zu berücksichtigen, dass Sie das Geld – anders als den Gewinn bei einer langfristigen Geldanlage an der Börse – monatlich überwiesen bekommen und nutzen können. Somit **unterliegt das aus dem Möblierungszuschlag eingenommene Kapital weniger dem Wertverlust durch die Inflation**.
- Es steht Ihnen zudem frei, das aus dem Möblierungszuschlag eingenommene Kapital monatlich z. B. an der Börse anzulegen, um den Profit noch weiter zu steigern. So kombinieren Sie die Rendite aus dem Möblierungszuschlag mit der Rendite aus einer anderen Kapitalanlage.
- Außerdem vorteilhaft: Nach zehn Jahren Nutzungsdauer bleibt sicherlich mindestens ein Viertel der Ausstattung erhalten und kann gewinnbringend verkauft oder zu anderen Zwecken genutzt werden.

Beachten Sie bei all den potenziellen Vorteilen: Sofern Sie den **Mieter vertraglich nicht zu einem sorgfältigen Umgang mit der Inneneinrichtung verpflichten**, werden Sie für Schäden an dem Mobiliar und der Dekoration aufkommen müssen und zusätzliche Kosten zu tragen haben. Eine clevere Vertragsgestaltung mit dem Verweis auf die Sorgfaltspflicht des Mieters und ggfs. eine Versicherung für den Schadensfall sind daher essenziell für eine sichere möblierte Vermietung mit einer hohen Renditewahrscheinlichkeit.

Hamburger Modell

Das Hamburger Modell unterscheidet sich vom Berliner Modell durch die kürzere Abschreibungsdauer der Inneneinrichtung. Anstatt von zehn Jahren wird eine **Abschreibungsdauer von sieben Jahren** angenommen. Abgesehen von der Abschreibungsdauer wird beim Hamburger Modell berücksichtigt, dass der **Wert der Inneneinrichtung pro Jahr um 10 % sinkt**. Um diese Aspekte zu erfassen, findet beim Hamburger Modell eine andere Formel Anwendung als beim Berliner Modell, was folgende Kennzahlen erfordert:

- **Gegenwärtiger Möbelwert (GMW)**

  Der gegenwärtige Möbelwert ist im ersten Jahr der Vermietung so hoch wie die Anschaffungskosten. In den folgenden zehn Jahren reduziert sich der Wert um jeweils 10 %. Somit ist der Wert nach sechs Jahren der Vermietung um verringert. Im zehnten Jahr der Vermietung wird der gegenwärtige Möbelwert mit 10 % der Anschaffungskosten angesetzt und zum letzten Mal ein Möblierungszuschlag berechnet. Im Folgejahr haben die Möbel im Hamburger Modell keinen Wert mehr und ein Möblierungszuschlag ist nicht mehr zulässig.

- **Kapitalverzinsung (KVZ)**

  Man legt eine Kapitalverzinsung fest, die z. B. bei 10 % pro Jahr liegt. Es gibt keine gesetzliche Obergrenze für die Kapitalverzinsung, doch laut Aussagen von Rechtsexperten fürs Mietrecht hat sich eine Kapitalverzinsung in Höhe von 15 % pro Jahr als Obergrenze durchgesetzt (KGK Rechtsanwälte, 2023).

- **Abschreibung (A)**

In den ersten sechs Jahren der Vermietung werden die Möbel mit 15 % pro Jahr abgeschrieben. Somit ist der Wert nach sechs Jahren der Vermietung um verringert. Im siebten Jahr der Vermietung wird der gegenwärtige Möbelwert mit 10 % der Anschaffungskosten angesetzt. Danach dürfen die Möbel im Hamburger Modell nicht mehr abgeschrieben werden, jedoch ist bis zum Ende der Nutzungsdauer von zehn Jahren nach wie vor ein Möblierungszuschlag zulässig.

Der Möblierungszuschlag wird in der Formel fürs Hamburger Modell anders als bei der Formel fürs Berliner Modell nicht pro Monat ermittelt, sondern aufs Jahr gerechnet. Daher setzen Sie die genannten Kennzahlen in die folgende Formel ein und **ermitteln somit den jährlichen Möblierungszuschlag (JMZ):**

$$JMZ = GMW \times (KVZ + A)$$

Um den monatlichen Möblierungszuschlag zu bestimmen, wird das Ergebnis durch die Zahl „12" geteilt. Zur besseren Nachvollziehbarkeit der Formel und der Anwendung des Hamburger Modells wird im Folgenden von 6.000 € Anschaffungskosten für die Inneneinrichtung und von einer Kapitalverzinsung von 14 % ausgegangen, während die Abschreibung im ersten Jahr bei 15 % liegt. In der Formel werden die Kapitalverzinsung und die Abschreibungsrate als Dezimalzahlen eingesetzt, was bei 14 % Kapitalverzinsung der Zahl „0,14" und bei 15 % Abschreibungsrate der Zahl „0,15" entspricht.

$$JMZ = 6.000 \, € \times (0{,}14 + 0{,}15)$$

$$JMZ = 6.000\,€ \times 0{,}29$$

$$JMZ = 1.740\,€$$

Der monatliche Möblierungszuschlag (MZ) beträgt folglich $JMZ \div 12 = 1.740\,€ \div 12 = 145\,€$. Um den Möblierungszuschlag für das zweite Jahr der möblierten Vermietung zu bestimmen, muss der **gegenwärtige Möbelwert im Vergleich zu den Anschaffungskosten um 10 % reduziert** werden. Somit sinkt der gegenwärtige Möbelwert jährlich um $6.000\,€ \times 0{,}1 = 600\,€$, bis er sich im zehnten Jahr der Abschreibung auf lediglich 600 € beläuft.

Um Ihnen, genauso wie im Abschnitt über das Berliner Modell, einen vollständigen Eindruck von der Anwendung des Hamburger Modells bis zum Ende der Nutzungsdauer der Möbel zu geben, wird in der folgenden Tabelle eine Rechnung über die gesamte Dauer der Vermietung, in der der Möblierungszuschlag aufgeschlagen werden darf, aufgeführt.

Jahr der Vermietung	Rechnung	Höhe des monatlichen Möblierungszuschlags	Jahreseinnahmen aus dem Möblierungszuschlag
1	$6.000\,€ \times (0{,}14 + 0{,}15)$	145 €	1.740 €
2	$5.400\,€ \times (0{,}14 + 0{,}15)$	130,50 €	1.566 €
3	$4.800\,€ \times (0{,}14 + 0{,}15)$	116 €	1.392 €
4	$4.200\,€ \times (0{,}14 + 0{,}15)$	101,50 €	1.218 €
5	$3.600\,€ \times (0{,}14 + 0{,}15)$	87 €	1.044 €
6	$3.000\,€ \times (0{,}14 + 0{,}15)$	72,50 €	870 €
7	$2.400\,€ \times (0{,}14 + 0{,}1)$	48 €	576 €
8	$1.800\,€ \times (0{,}14 + 0)$	21 €	252 €

| 9 | 1.200 € × (0,14 + 0) | 14 € | 168 € |
| 10 | 600 € × (0,14 + 0) | 7 € | 84 € |

Gesamteinnahmen aus dem Möblierungszuschlag bei 10 Jahren Nutzungsdauer	8.910 €

Das Rechenbeispiel zeigt, dass die Berechnung des Möblierungszuschlags gemäß **Hamburger Modell den Vermietern höhere Erträge beschert**. Nach Abzug der Anschaffungskosten für die Inneneinrichtung verbleibt ein Gewinn in Höhe von 2.910 € durch die Vermietung der möblierten Immobilie. Dies sind knapp 1.000 € mehr Gewinn als bei einer möblierten Vermietung mit einem Möblierungszuschlag gemäß Berliner Modell. Dabei ist beim Hamburger Modell ein weiterer Vorteil gegeben: **Insbesondere in den ersten Jahren sind die Einnahmen hoch**, was bedeutet, dass Sie den Großteil der Rendite schneller als beim Berliner Modell erzielen und somit den negativen Einfluss der Inflation besser umgehen.

Auch wenn das Hamburger Modell für Vermieter am profitabelsten ist, sollten Sie beachten, dass es nicht ohne Grund „Berliner" Modell heißt: In Berlin ist nach Entscheidung des Landgerichts Berlin ausschließlich die Anwendung des Berliner Modells zulässig. In anderen Bundesländern Deutschlands haben Sie bei der Berechnung des Möblierungszuschlags hingegen freie Wahl bei den Modellen.

Abschließende Hinweise und Bewertung von Vermietungen mit Mobiliar

Haben Sie die Wahl, dann entscheiden Sie sich aufgrund des höheren Ertragspotenzials am besten für die Berechnung des Möblierungszuschlags nach dem Hamburger Modell.

Auch bei der Vermietung mit Möblierung gilt die Mietpreisbremse. Der Möblierungszuschlag reduziert sich allerdings nicht durch die Mietpreisbremse. Sie **rechnen den Möblierungszuschlag zur ortsüblichen Vergleichsmiete dazu und wenden darauf schließlich die Mietpreisbremse von 10 % an,** indem Sie die ortsübliche Vergleichsmiete mit Möblierungszuschlag um maximal 10 % erhöhen. Hierzu gibt es zwei relevante Formeln:

Ortsübliche Vergleichsmiete + Möblierungszuschlag
= Ortsübliche Vergleichsmiete bei möblierter Vermietung

Ortsübliche Vergleichsmiete bei möblierter Vermietung × 1,1
= Maximale Miethöhe bei geltender Mietpreisbremse

Reparaturen an der Inneneinrichtung und die Anschaffung von neuer Inneneinrichtung dürfen Sie **steuerlich absetzen.** Damit beides möglichst nicht auf Ihre Kosten geht und Ihr Profit bei der möblierten Vermietung hoch ausfällt, sollten Sie im Mietvertrag sämtliches Inventar festhalten und den Mieter zum sorgfältigen Umgang damit verpflichten. Bei Schäden übernimmt im Optimalfall der Mieter die Kosten für Reparaturen oder Neuanschaffungen.

Zuletzt stellt sich die Frage nach der Preisklasse des Mobiliars. Häufig genutzte (z. B. Küchengeräte, Waschmaschine) und stark belastete (z. B. Tische, Stühle) Einrichtung sollte einem gehobenen Qualitätsstandard entsprechen und robust sein, um lange zu halten. Abgesehen von dieser Einrichtung bietet sich auch bei anderen Einrichtungsstücken die **Investition in höherpreisige Gegenstände** an, denn dadurch, dass Sie höhere Anschaffungskosten zu tragen haben, fallen die **Einnahmen aus der Kapitalverzinsung höher** aus. Um das Prinzip grundlegend zu erläutern:

- Wenn Sie im ersten Jahr ein Kapital von 12.000 € mit 14 % verzinsen, nehmen Sie 1.680 € ein.

- Bei einer Verzinsung von 5.000 € Anschaffungskapital mit 14 % belaufen sich die Einnahmen hingegen auf 700 € und fallen somit deutlich geringer aus.
- Viele Vermieter missachten diesen Aspekt und achten hauptsächlich darauf, die Immobilie lediglich in einem Mindestmaß und zu möglichst geringen Kosten zu möblieren. Dadurch sinken die Einnahmen aus der Kapitalverzinsung, was negativ ist, denn in den Einnahmen aus der Kapitalverzinsung drückt sich Ihr Profit aus der möblierten Vermietung aus.

Sie werden dann den Profit bei der möblierten Vermietung bestmöglich maximieren, wenn Sie eine gewisse Investitionsbereitschaft an den Tag legen. Kaufen Sie hierfür Möbel ein, die **Ihrer Zielgruppe qualitativ angemessen** sind, was bedeutet: Wenn Mieter mit einem hohen monatlichen Einkommen Ihre Zielgruppe sind, investieren Sie am besten in hochqualitative Möbel und ziehen dadurch den maximalen Profit aus der Vermietung. Sollten Sie Mieter mit einem Durchschnittseinkommen suchen, so investieren Sie bei der häufig genutzten und stark belasteten Inneneinrichtung in hohe Qualität und wählen bei der restlichen Inneneinrichtung eher günstige Gegenstände. So erreichen Sie ein gutes Maß an Qualität und stellen gleichzeitig sicher, dass der jeweilige Möblierungszuschlag für die entsprechende Mieter-Klientel nicht zu hoch ausfällt.

4 | Dachfläche zur Montage von Photovoltaikanlagen vermieten

Der Photovoltaik-Boom, der spätestens Anfang 2022 als Reaktion auf die steigenden Energiepreise durch den Russland-Ukraine-Konflikt begann, ließ die Nachfrage nach Photovoltaikanlagen (kurz: PV-Anlagen) explosiv steigen. In PV-Anlagen wird Solarenergie in elektrischen Strom umgewandelt. Der Strom kann daraufhin zur Deckung des Strombedarfs genutzt werden. Sofern eine elektrische Heizung im Gebäude vorhanden ist, steuert die PV-Anlage sogar die Heizenergie bei. Des Weiteren können die Solarmodule bei der Solarthermie, also zum Erwärmen von Wasser, Anwendung finden.

An potenziellen Aufstellorten für PV-Anlagen mangelt es nicht. Die Anlagen können auf freien Bodenflächen, an Fassaden, auf Schräg-, Trapez- und Flachdächern und auf Balkonen montiert werden. Auch die Befestigung an Gartenmauern und die Anbringung auf Gartenhäusern sind möglich. Je mehr Platz ein Aufstellort bietet, umso mehr Solarmodule können dort montiert werden. Je mehr Solarmodule montiert werden können, umso höher fällt der Stromertrag aus.

Das Dach Ihres Gebäudes können Sie an Unternehmen vermieten, die mit dem Verkauf von Solarstrom ihr Geld machen. Die Unternehmen installieren die PV-Anlage auf

Ihrem Dach und übernehmen alle damit verbundenen Kosten. Von nun an gibt es verschiedene Vergütungsmodelle, um Sie für die Bereitstellung Ihres Dachs zu belohnen: Einmalzahlungen, Gewinnbeteiligungen und kostenlose Dachsanierungen sind die gängigsten Vergütungsmodelle.

In Anbetracht der Tatsache, dass Vermieter für das Dach Ihrer Gebäude meist ohnehin keine Verwendung haben, ist die Vermietung des Dachs eine lukrative Option, um einen finanziellen Ertrag zu erzielen. Gleichzeitig können Sie die Wohnfläche im Gebäude uneingeschränkt vermieten. Somit maximieren Sie durch die Vermietung des Dachs nicht nur Ihre Mieteinnahmen, sondern erschließen sich eine zusätzliche Einnahmequelle, ohne dafür Geld investieren zu müssen.

Einstieg ins Thema

Die Nachfrage nach PV-Anlagen ist groß und vor allem im Jahr 2022 angestiegen. Ein entscheidender Grund für die gestiegene Nachfrage nach PV-Anlagen ist der **Wunsch nach mehr Unabhängigkeit in der Energieversorgung** (Class, 2022). Die Abhängigkeit von ausländischen Lieferanten hat insbesondere im Zuge des hohen Preisanstiegs durch den Russland-Ukraine-Konflikt gezeigt, dass diejenigen, die sich langfristig Preissicherheit wünschen, in erster Linie unabhängiger werden sollten.

Anfang 2023 nahm der Photovoltaik-Boom nochmals zu, was auf die **steuerlichen Erleichterungen der Bundesregierung** zurückzuführen ist. Unter anderem ist die Mehrwertsteuer beim Kauf von PV-Anlagen entfallen. Darüber hinaus müssen Betreiber von PV-Anlagen mit einer Leistung von maximal 30 kWp (bei z. B. Einfamilienhäusern oder Gewerbeimmobilien) oder maximal 15 kWp pro Wohneinheit (bei Mehrfamilienhäusern) keine Einkommenssteuer mehr auf den selbst genutzten oder verkaufen Strom zahlen (Weigl, 2023).

Der Wegfall zahlreicher bürokratischer Hürden, die finanziellen Vorteile, der Wunsch nach mehr Unabhängigkeit und Preissicherheit sowie – wie es anfangs gedacht war – das **Erreichen der Ziele bei der Energiewende** tragen zu einer Nachfrage nach PV-Anlagen bei, die höher als je zuvor ist. Mithilfe von Mini-Solaranlagen (auch: Stecker-Solaranlagen, Balkonkraftwerke) können mittlerweile sogar Mieter auf ihren Balkonen eigenen Strom erzeugen und nutzen.

Angesichts der hohen Nachfrage steigen die Preise für PV-Anlagen. Auch die Installationsbetriebe verlangen mehr Honorar für ihre Dienstleistungen zur Montage und Wartung. Firmen, die mit der Erzeugung und dem **Verkauf von Solarenergie** ihr Geld machen, haben noch ein zusätzliches Problem: Es fällt ihnen **schwer, geeignete Orte zu finden, um PV-Anlagen aufzustellen.** Der Kauf einer Immobilie oder eines Grundstücks lediglich zur Aufstellung einer PV-Anlage rentiert sich finanziell überhaupt nicht. Daher suchen die Firmen nach Möglichkeiten, um anderweitig an Aufstellorte zu kommen: die Miete von Dächern und Bodenflächen ist eine wichtige Option, denn ohne diese würden die Firmen kaum vorankommen.

Ist die Dachvermietung eine Option für Sie?

Wenn Sie Ihr Dach vermieten, erhalten Sie gesicherte Einnahmen. Sie **müssen sich nicht um die Installation und die Wartung der PV-Anlage kümmern**, denn diese Aufgaben übernimmt das PV-Unternehmen, das das Dach von Ihnen mietet. Sie erhalten also mit Sicherheit eine funktionsfähige Anlage, aus der Sie ggfs. selbst unentgeltlich Strom beziehen dürfen – ob die unentgeltliche Nutzung von Strom eine Option ist, hängt von dem PV-Anbieter ab.

In den meisten Mietverträgen wird dafür, dass Sie die Nutzung Ihres Dachs erlauben, nicht das Recht zur unentgeltlichen Nutzung des Stroms vereinbart, sondern **eines der folgenden drei Vergütungsmodelle: Einmalzahlung, Gewinnbeteiligung oder kostenlose Dachsanierung.** Einige Anbieter kombinieren sogar zwei Vergütungsmodelle, was Ihre finanziellen Vorteile als Vermieter des Dachs steigert. Auf die Vergütungsmodelle wird im folgenden Abschnitt separat eingegangen.

Vorab ist es wichtig zu prüfen, ob sich Ihr Dach überhaupt für eine Vermietung eignet. Das Dach eines Einfamilienhauses reicht zur Dachvermietung nicht aus. Anders ist es, wenn Sie zusätzlich noch Dächer auf Nebengebäuden anzubieten haben. **Bei größeren Gewerbeimmobilien wie Lagerhallen und Industriegebäuden** ist die Vermietung des Dachs zur Erzeugung von Solarstrom grundsätzlich möglich. Auch Scheunen und Ställe dürften groß genug sein, um für eine Vermietung als Sonnendach infrage zu kommen.

Im Allgemeinen rechnen Sie am besten damit, dass Sie **mindestens 500 m² Dachfläche** brauchen – diese **Dachfläche ist idealerweise gen Süden ausgerichtet** und kein bisschen verschattet. Einige Unternehmen akzeptieren auch Dächer mit einer Ost-West-Ausrichtung, da PV-Anlagen auf diesen Dächern in den Morgen- und Abendstunden besonders leistungsstark sind.

Falls Sie die genannten Voraussetzungen erfüllen, ist die Vermietung des Dachs ausdrücklich zu empfehlen. Sie erzielen nämlich mit der **Vermietung einer ansonsten ohnehin nicht genutzten Fläche** einen signifikanten Gewinn und bekommen von vielen Anbietern nach Ende der Vertragslaufzeit die Solaranlage zur Nutzung überlassen.

Nachteile entstehen Ihnen bei der Vermietung Ihres Dachs im Endeffekt keine. Lediglich der Aufwand, einen Anbieter für Solarenergie herauszusuchen und den Vertrag abzuschließen, wäre als Nachteil aufzuführen. Doch einen Mieter müssen Sie ebenfalls suchen, oder? Somit sind Aufwände wie diese nicht als Nachteile anzuführen.

Zu erwartende Einnahmen und Überblick über Vergütungsmodelle

Die zu erwartenden Einnahmen richten sich nach dem Zustand und der Größe der Dachfläche. Die folgenden drei Vergütungsmodelle verschaffen Ihnen einen Eindruck davon, welchen Mehrwert Ihnen die Vermietung der Dachfläche für Photovoltaikanlagen prinzipiell bieten kann.

- **Einmalzahlung**

  Bei der Einmalzahlung erhalten Sie einen festen Betrag für eine feste Pachtdauer. Dieser Betrag kann z. B. bei einer Pachtdauer von 40 Jahren bei 80.000 € liegen. Bei den meisten Anbietern ist die Bedingung für eine Einmalzahlung, dass das Dach in einem einwandfreien Zustand ist. Wenn das Dach einen schlechten Zustand aufweist, erhalten Sie als Vorteil eine kostenlose Dachsanierung und ggfs. eine Einmalzahlung zu einem späteren Zeitpunkt oder als Alternative zur Einmalzahlung eine laufende Gewinnbeteiligung aus dem Verkauf des Stroms.

- **Kostenlose Dachsanierung**

  Die kostenlose Dachsanierung erhalten Sie nur dann, wenn Ihr Dach sanierungsbedürftig ist. Bei intakten

Dächern, die Sie gern renovieren würden, übernehmen die PV-Anbieter für gewöhnlich keine Kosten. Falls Sie eine große Gewerbeimmobilie mit einem kaputten Dach kaufen, erspart Ihnen die Vermietung dieses Dachs gegen eine kostenlose Dachsanierung hohe Investitionskosten bei der Sanierung. So gelingt es Ihnen unter geringerem finanziellem Aufwand, die Immobilie für ein Unternehmen bezugsfertig zu machen und Profit aus der Vermietung der Gewerbeflächen zu generieren.

- **Gewinnbeteiligung**

  Eine Gewinnbeteiligung bezieht sich auf die Erträge aus dem verkauften Strom, der aus der Photovoltaikanlage auf dem Dach generiert wird. Da Sie nicht der Stromlieferant sind, sondern lediglich eine Beteiligung am Gewinn erhalten, bleibt Ihnen eine Menge Bürokratie erspart, die der Betreiber der Photovoltaikanlage und Verkäufer des Stroms übernimmt. Sie kassieren also ab und erhalten vom Anlagenbetreiber eine Dokumentation der Einnahmen, damit Sie Ihre Gewinnbeteiligung prüfen können.

Der Anbieter *SOLAR DIREKTINVEST* macht Eigentümern von Dächern **zwei verschiedene Angebote mit jeweils 40 Jahre langer Pachtdauer.** Bei beiden Angeboten werden je zwei der drei Vergütungsmodelle kombiniert. In der folgenden Tabelle sind die Angebote des Anbieters abgebildet:

Zustand der Dachfläche	Pachtlaufzeit: Jahr 1 bis 20	Pachtlaufzeit: Jahr 20 bis 40
sanierungsbedürftige Dachfläche	kostenlose Dachsanierung	10 % der Gewinne als Pacht
neuwertige Dachfläche	Einmalzahlung von bis zu 100.000 €	10 % der Gewinne als Pacht

Quelle: *Dachfläche vermieten* (SOLAR DIREKTINVEST, 2023)

Abschließende Hinweise und Bewertung von Dachvermietungen

Ein Blick auf das Angebot des Anbieters *SOLAR DIREKT-INVEST* zeigt, dass außergewöhnlich lange Zeiträume bei der Vermietung von Dachflächen (über 25 Jahre) durch eine **Kombination mehrerer Vergütungsmodelle** honoriert werden können.

Lediglich die Mindestgröße der Dachfläche von im Allgemeinen 500 m² – bei *SOLAR DIREKTINVEST* liegt sie sogar bei 1.000 m² – könnte zu einem Problem werden, denn sofern Sie nicht einen Wohnblock in Ihrem Besitz haben, wird es Ihnen schwerfallen, einen Anbieter zu finden, der die Größe des Dachs akzeptiert und es als lohnend erachtet, auf dem Dach eine Photovoltaikanlage zu errichten.

Am ehesten kommt die Vermietung des Dachs für Sie infrage, wenn Sie **größere Gewerbeimmobilien oder große Wohnblöcke** besitzen. Zudem sind große Gärten und freie Grundstücke gute Aufstellflächen, denn hierauf lassen sich ebenfalls Photovoltaikanlagen errichten und somit zusätzliche Einnahmequellen erschließen, die Ihren Profit aus der Vermietung steigern.

5 | WG-Vermietung bietet das größte Ertragspotenzial

Die Vermietung an mehrere Personen ist unter dem Begriff Wohngemeinschaft (WG) bestens bekannt. Eine große Menge an WG-Mietern gibt es unter Studierenden und Auszubildenden. Wenn Ihre Immobilie in der Nähe einer Universität liegt oder über öffentliche Verkehrsmittel gut an eine Universität angebunden ist, ist die Vermietung der Immobilie an eine WG besonders sinnvoll.

Bei einer Vermietung an mehrere Personen greifen keine Mietpreisbremsen. Auch an die ortsübliche Vergleichsmiete pro Quadratmeter müssen Sie sich nicht halten. Wann Sie Ihre Immobilie an mehrere Personen vermieten können oder sogar sollten, welche Ertragspotenziale dabei bestehen und wie Sie die Mietersuche gestalten – darum geht es in diesem Kapitel.

Eigenschaften und Vor- und Nachteile der WG-Vermietung

Die WG-Vermietung bereitet einen **höheren Aufwand als die Vermietung an Einzelpersonen,** weil Sie sich um mehr Mieter und deren Belange kümmern müssen. Mit zunehmender Größe der WG steigt dieser Aufwand an. Sie haben aber die Möglichkeiten, gute Voraussetzungen für möglichst geringen Aufwand zu schaffen. Eine gute Voraussetzung besteht in der Schaffung eines **einheitlichen Anforderungsprofils für Mieter.**

Wenn Sie ein breit diversifiziertes Anforderungsprofil an Mieter stellen, besteht das Risiko, dass es innerhalb der WG zu Konflikten kommt und Sie mit einer Menge an unterschiedlichen Problemen umzugehen haben. Zwei Studierende, zwei Berufstätige im Alter von über 40 Jahren und zwei Personen mit Migrationshintergrund und wenig Kenntnissen der deutschen Sprache ergeben beispielsweise eine WG-Konstellation, bei der man gewissermaßen von einem Pulverfass für Konflikte sprechen könnte. Sogar eine Konstellation, bei der nur Studierende mit Berufstätigen im Alter von über 40 Jahren gemischt sind, birgt potenzielle Probleme, denn beide Mietergruppen leben in unterschiedlichen Lebensphasen, woraus sich weit auseinanderdriftende Bedürfnisse ergeben. Studierende wollen womöglich die neu gewonnene Freiheit ausleben und das ein oder andere Mal feiern, während Berufstätige ab einem gewissen Alter eher die Tendenz in Richtung eines ruhigen Lebens anstreben.

Selbstverständlich handelt es sich bei den geschilderten Annahmen lediglich um Verallgemeinerungen, die sich nicht immer bestätigen. Dennoch hat sich in der Erfahrung langjähriger Vermieter der Grundsatz bewährt, **möglichst homogene Gruppen aus Mietern zusammenzustellen**. Vermieten Sie also ausschließlich entweder an Studierende und Auszubildende oder an Berufstätige ab einem gewissen Mindestalter! Unter dem Blickpunkt, dass es auch unter diesen Personen innerhalb einer WG verschiedene Ansichten, Lebensweisen und sonstige Unterschiede gibt, werden Sie ohnehin das Risiko haben, dass es innerhalb der WG das ein oder andere Problem zu moderieren gibt oder dass einzelne Mieter abspringen und Sie nach neuen Bewohnern suchen müssen.

Bis hierhin haben Sie die wichtigsten Nachteile der WG-Vermietung kennengelernt. Die Nachteile werden nur dann durch die Vorteile kompensiert, wenn Sie ein **ausreichend**

profitables Modell zur Vermietung wählen. Hierbei spielt die Wahl des Vertragsverhältnisses eine große Rolle. Es besteht die Wahl zwischen den folgenden **drei Vertragsgestaltungen**:

- Sie wählen einen Hauptmieter, der die Wohnung untervermieten darf. Dieser Hauptmieter ist der Schuldner, der Ihnen gegenüber zur Zahlung der vollen Miete verpflichtet ist. Sie entledigen sich somit des Aufwands, selbst nach neuen Mietern suchen zu müssen. Allerdings handelt es sich hierbei um keine Technik zur Profitmaximierung als Vermieter, denn sie dürfen gegenüber dem Hauptmieter lediglich eine Miete verlangen, die sich an der ortsüblichen Vergleichsmiete orientiert. Bei dieser Vertragsgestaltung liegt im Grunde genommen eine Einzelvermietung vor – mit dem Unterschied, dass der Hauptmieter selbst untervermieten darf. Dies kann zu Problemen führen, wenn der Hauptmieter die WG-Mitglieder falsch auswählt und sich diese als Mietnomaden entpuppen. Zudem könnte der Hauptmieter bei der Suche nach neuen WG-Mitgliedern scheitern und – aufgrund der für ihn allein eventuell zu hohen Mietzahlungen – in Zahlungsnot geraten und Ihnen die Miete nicht mehr zahlen.
- Eine weitere Lösung, die für Sie bereits vorteilhafter ist, ist der Vertragsabschluss mit allen Mietern gleichzeitig. Sie schließen mit den Mietern hierbei einen Vertrag ab, in dem alle die Hauptmieter sind. Sollte es zu Mietrückständen kommen, dann können Sie bei einer solchen Vertragsgestaltung gegen alle Mieter gleichzeitig vorgehen oder sich den Mieter mit der besten Bonität aussuchen, um die Zahlung der rückständigen Miete einzufordern. Doch auch diese Vertragsgestaltung bietet nicht die Möglichkeit zur Profitmaximierung in der Vermietung, denn gegen-

über der Mietergemeinschaft können Sie nach wie vor nur – wie es auch bei der Einzelvermietung der Fall ist – eine Miete verlangen, die sich an der ortsüblichen Vergleichsmiete ausrichtet. Hinzu kommt, dass die Auflösung einer solchen WG problematisch ist: Sofern im Mietvertrag keine Nachfolgeregelung festgesetzt ist, darf ein Mieter nur aus dem Vertrag austreten, wenn alle anderen Mieter dem Austritt zustimmen. Darüber hinaus muss direkt zu Beginn des Mietverhältnisses die komplette Mietergemeinschaft feststehen. Es ist demnach nicht möglich, den Mietvertrag mit einem Mieter abzuschließen, über die Monate weitere Mieter zu finden und den Vertrag mit diesen Mietern dann neu aufzusetzen.

- Die dritte Möglichkeit der Vertragsgestaltung führt zu einer **deutlichen Profitmaximierung! Sie schließen mit jedem Mieter in der Gemeinschaft einen Einzelvertrag ab**. Dabei halten Sie fest, welches Zimmer an den jeweiligen Mieter vermietet wird und wie hoch dessen Anteil an der Gemeinschaftsfläche (Badezimmer, Küche, ggfs. Wohnzimmer und anderen Räumen) innerhalb der WG ist. Sie müssen zwar für jeden einzelnen Mieter eine separate Betriebskostenabrechnung anfertigen und selbst nach den Mietern suchen, doch erlangen Sie bei einer solchen Vertragsgestaltung mehrere Möglichkeiten, um eine weitaus höhere Miete als bei der Vermietung an einen Hauptmieter zu fordern. Welche Möglichkeiten dies sind, wird in den nächsten Abschnitten dieses Kapitels ausführlich erläutert. Bei einer Vermietung an vier Personen oder mehr bestehen sogar Aussichten, die Mieterträge im Vergleich zu einer Einzelvermietung mehr als zu verdoppeln!

Bei der Vermietung an jedes einzelne WG-Mitglied ist der zusätzliche Aufwand, den Sie als Vermieter haben, durch den größeren Profit gerechtfertigt. Wenn Sie sich über den finanziellen Hintergrund der Mieter ausreichend informieren und auf eine möglichst homogene Zusammenstellung der WG achten, besteht die Chance, dass die WG über viele Jahre fest zusammenbleibt und Ihre Mieteinnahmen mittel- bis langfristig gesichert sind.

In diesem Zusammenhang ist hervorzuheben, dass die Vermietung an Studierende und Auszubildende nicht zwingend ein Risiko sein muss, wie es oft von Kritikern der WG-Vermietung dargestellt wird. Womöglich wird es gelegentlich eine laute Party geben, doch **Studierende und Auszubildende bieten Ihnen bei sorgfältiger Mieterauswahl eine finanzielle Sicherheit**. Wählen Sie bevorzugt Studierende und Auszubildende, deren Eltern finanziell stark aufgestellt sind. Falls dies für Sie nicht überprüfbar ist, sollten Sie Studierende und Auszubildende mit BAföG vorziehen.

Beispiel für die Bestimmung der Miethöhe innerhalb einer WG

Um einen Eindruck davon zu vermitteln, wie hoch die Mietforderung in einer WG sein darf und weswegen der Abschluss von einzelnen Mietverträgen mit jedem Mieter äußerst profitabel ist, lohnt sich ein Blick auf ein Urteil des Amtsgerichts Stuttgart unter dem Aktenzeichen „31 C 5490/18". In diesem Fall hatte sich ein Mieter in Stuttgart ans Amtsgericht gewandt und gegen seinen Vermieter geklagt, weil dieser nach Ansicht des Mieters eine überhöhte Miete verlangte. Es lag folgender Sachverhalt vor:

- Der Mieter wohnt mit fünf weiteren Personen in einer 6-Zimmer-Wohnung mit einer Fläche von 142 m^2.
- Die Größe seines Zimmers beträgt 15,07 m^2.

- Abgesehen von den Einzelzimmern nutzen die sechs Personen in der WG eine Gemeinschaftsfläche mit einer Größe von 43 m².
- Der Mieter zahlt monatlich 504 € an Kaltmiete für sein Einzelzimmer und den Anteil an der Gemeinschaftsfläche.

Argumentationsgrundlage des Mieters für eine Mietsenkung war der geringe Anteil an der Wohnfläche. Er ging davon aus, dass er die 15,07 m² seines Zimmers voll zu seinen Zwecken ausnutzt und an der Gemeinschaftsfläche einen Anteil von einem Sechstel hat. Prinzipiell lässt sich diese Argumentation bis hierhin nachvollziehen, denn bei sechs Personen, die ein uneingeschränktes Nutzungsrecht an der Gemeinschaftsfläche haben, böte sich eine durch sechs geteilte Betrachtung der Wohnfläche an. In seiner Rechnung kommt der Mieter daher auf die folgende genutzte Wohnfläche:

$$15{,}07\ m^2 + (43\ m^2 \div 6) \approx 15{,}07\ m^2 + 7{,}17\ m^2 \approx 22{,}24\ m^2$$

Um, von den 22,24 m² Wohnfläche ausgehend, eine in seinen Augen zur Größe seiner Wohnfläche angemessene Miethöhe zu bestimmen, hat der Mieter die Mietspiegel von Wohnungen mit einer Größe von 142 m² geprüft. Basierend auf der ortsüblichen Vergleichsmiete für Wohnungen dieser Größe, hat er einen Mietpreis in Höhe von ca. 11 € pro Quadratmeter festgestellt. Diese ortsübliche Vergleichsmiete hat er mit seiner Wohnfläche multipliziert und eine Anpassung der Miete von 504 € Kaltmiete auf 245 € Kaltmiete gefordert.

Das Amtsgericht Stuttgart hat die Klage des Mieters abgewiesen. Dabei tat es beide Rechenschritte des Mieters – also die Bestimmung des Anteils an der Gemeinschaftsfläche und die Bestimmung der ortsüblichen Vergleichsmiete – als fehlerhaft ab. Der **Anteil an der Gemeinschaftsfläche sei mit**

50 % anzusetzen, so das Urteil. Stattdessen einen Kopfanteil von einem Sechstel im Falle der 6-Personen-WG anzusetzen, würde die tatsächlichen Nutzungsverhältnisse nicht widerspiegeln. Außerdem sei für die Bestimmung der Miethöhe pro Quadratmeter nicht die ortsübliche Vergleichsmiete einer Wohnung mit 142 m² heranzuziehen, sondern die **ortsübliche Vergleichsmiete einer Einzimmerwohnung mit 22 m²**.

50-prozentiger Anteil an der Gemeinschaftsfläche

Dieses Urteil ist nachvollziehbar, denn die Gemeinschaftsfläche wird weder in sechs Areale aufgeteilt noch wird der tägliche Zutritt auf vier Stunden täglich pro Mieter beschränkt. Vielmehr ist es denkbar, dass die Gemeinschaftsfläche dem Mieter in gewissen Phasen des Tages sogar komplett zur Verfügung steht. Somit ist es äußerst wahrscheinlich, dass jeder Mieter einen Nutzungsanteil erzielt, der deutlich über ein Sechstel der Gemeinschaftsfläche hinausgeht.

Angesichts der Tatsache, dass die Gemeinschaftsfläche dem Mieter dennoch nicht exklusiv zusteht, wird ein pauschaler Abschlag auf den Anteil an der Fläche in Höhe von 50 % festgelegt. Das bedeutet, dass der Vermieter, unabhängig von der Anzahl der Mieter in einer WG, **jedem Mieter einen hälftigen Anteil an der Gemeinschaftsfläche der Wohnung berechnen** kann.

Obwohl der Kreisverband Stuttgart der Partei DIE LINKE in diesem Zusammenhang von einem „extrem mieterfeindliche[n] Urteil des Amtsgerichts Stuttgart" (DIE LINKE, 2022) spricht, kommt es in den meisten Fällen den realistischen Nutzungsverhältnissen tatsächlich näher, einen Nutzungsanteil von 50 % anzunehmen. Selbst, wenn sich mehrere Mieter in einem bestimmten Moment die Gemeinschaftsfläche teilen, kommt es dabei des Öfteren zu Gesprächen oder einem gemeinsamen Zeitvertreib, der auf freundschaftlicher Basis erfolgt. Dabei steht allen Mietern die volle Gemeinschaftsfläche zur Verfügung, die sie in der Regel in Übereinkunft aufteilen und bei der sich kein Mangel an Kapazität oder keine Begrenzung der Nutzungsfläche auf ein Sechstel bemerkbar macht.

Die bis hierhin genannten Aspekte sind für Sie als Vermieter wichtig, sofern Sie sich mit moralischen Konflikten aufhalten und sich die Frage stellen: *Kann ich für die Gemeinschaftsfläche tatsächlich von jedem Mieter einen hälftigen Anteil verlangen?*

Ja! Sie sollten sich auf Ihrem Weg zur Profitmaximierung von moralischen Bedenken bezüglich des Anteils an der Gemeinschaftsfläche nicht aufhalten lassen, denn **Mieter kommen in WGs ohnehin günstiger weg**. Üblicherweise teilen sie sich die Kosten für das Mobiliar der Gemeinschaftsfläche mit den anderen WG-Mitgliedern auf oder sie ziehen zu einem Zeitpunkt ein, an dem die Gemeinschaftsfläche bereits möbliert ist. Hohe Anschaffungskosten für Küchenmöbel und Küchengeräte, Waschmaschine und die Wohnzimmereinrichtung bleiben Mietern somit erspart. Außerdem kommen Mieter in WGs in der Praxis meist auf mehr als den hälftigen Nutzungsanteil an der Gemeinschaftsfläche. Beides sind Faktoren, die bewirken, dass Mieter weniger Miete zahlen als bei einer Immobilie mit einer vergleichbaren Fläche, die sie allein mieten und selbst möblieren müssen.

Vergleich mit einer Einzimmerwohnung bei der Bestimmung der Miethöhe

Der Kläger hatte gegenüber dem Amtsgericht Stuttgart den Fehler gemacht, bei der Bestimmung der Miethöhe den Mietspiegel für eine 142 m² große Wohnung zu nutzen. Die Miet- und Preisspiegel pro m² sinken – unter sonst gleichen Bedingungen (Lage, Baujahr, Energieausweis etc.) – mit der Größe der Wohnfläche. Wer die Mietspiegel für Immobilien mit über 120 m² Wohnfläche mit den Mietspiegeln vergleichbarer Immobilien mit unter 60 m² Wohnfläche vergleicht, wird für die Immobilie mit mehr Fläche immer eine geringere ortsübliche Vergleichsmiete pro m² erhalten. Die Gründe hierfür sind vielfältig, doch vor allem ist die Nachfrage nach Immobilien mit großen Wohnflächen geringer, was zu einem **geringeren Quadratmeterpreis bzw. zu einer geringeren Miete pro Quadratmeter bei größeren Immobilien** führt.

Ähnlich verhält es sich bei WGs: Jeder Mieter hat – betrachtet man sein Zimmer zur Einzelnutzung und den Anteil an der Gemeinschaftsfläche – eine geringe Wohnfläche zur Nutzung. Die Nachfrage nach WG-Zimmern ist insbesondere in Großstädten höher als die Nachfrage nach großen Wohnungen zur Einzelvermietung. Folglich ist es logisch, die **Miete für WG-Zimmer aufgrund der hohen Nachfrage auf Basis der ortsüblichen Vergleichsmiete für Einzimmerwohnungen zu bestimmen**. Der Mieter profitiert trotz der höheren Miete pro Quadratmeter davon, wenn er in eine WG zieht, denn insgesamt zahlt er eine weitaus geringere Miete als die, die er bei einer Wohnung mit einer Fläche mit weit über 100 m² zahlen müsste.

Der Kläger hat vor dem Amtsgericht Stuttgart also mit einer gewissen Doppelmoral argumentiert: Er hat einerseits das kleine WG-Zimmer gemietet, wollte andererseits aber den Mietspiegel einer großen Immobilie darauf anwenden. Aus diesem Grund verwies das Amtsgericht Stuttgart darauf, „dass sich die Vergleichsmiete nach der Miete für Räume bestimmt, die nach dem Wohn- und Gebrauchswert von vergleichbarer Art, Größe, Ausstattung, Beschaffenheit und Lage sind" (Daryai, 2020). Dementsprechend soll die **Vergleichsmiete anhand der Größe einer fiktiven Einzimmerwohnung beurteilt** werden.

Es wird bei der Bestimmung der Miethöhe pro Mieter in einer WG also keineswegs der Mietspiegel für die Gesamtwohnfläche herangezogen, sondern der von fiktiven Einzimmerwohnungen. Hierbei ist zu beachten: Es gibt ein gerichtliches Urteil, das die Vergleichbarkeit von WG-Zimmern mit Einzimmerwohnungen ablehnt. So hat das Landesgericht Gießen in einem Beschluss unter dem Aktenzeichen 1 S 98/12 festgelegt, dass die Wohnverhältnisse in einer WG aufgrund einer geteilten Nutzung des Badezimmers, der Küche und ggfs. weiterer Räumlichkeiten nicht mit den Wohnverhältnissen in einer geschlossenen Einzimmerwohnung verglichen werden könnten (Daryai, 2012).

Wie sollten Sie als Vermieter nun die Miethöhe in einer WG festlegen? Da die wenigsten Mieter tatsächlich vor Gericht gehen, können Sie zur Bestimmung der Miethöhe die Mietspiegel von fiktiven Einzimmerwohnungen, die den Eigenschaften des WG-Zimmers nahekommen, heranziehen und Ihren Profit auf diese Weise maximieren. Falls Sie auf Nummer sicher gehen und das Risiko einer Klage durch den Mieter möglichst gering halten möchten, nutzen Sie zur Bestimmung der ortsüblichen Vergleichsmiete den Mietspiegel für eine **fiktive Einzimmerwohnung, die 10 – 20 m² größer als die Wohnfläche des Mieters in der WG ist**. Dann fällt die Miethöhe pro Quadratmeter zwar geringer aus und Sie machen weniger Gewinn, doch Sie können ggfs. vor Gericht argumentieren, dass Sie zur Kompensation der Mieternachteile beim Wohnen in einer WG eine geringere Miethöhe pro Quadratmeter festgelegt haben, als Sie bei einer fiktiven und vergleichbaren Einzimmerwohnung verlangen dürften.

Rechenbeispiel für die Profitmaximierung bei einer Vermietung an WGs

Innerhalb einer WG erhalten alle Bewohner ein eigenes Privatzimmer, nur in seltenen Fällen gibt es zwei Zimmer zur eigenen Nutzung. Für das Zimmer gilt zwar die ortsübliche Vergleichsmiete, doch diese wird von einer fiktiven Einzimmerwohnung ausgehend ermittelt. Das hat für Sie bereits den ersten großen Vorteil, dass Sie eine höhere Miete pro Quadratmeter veranschlagen können als bei einer Einzelvermietung der Immobilie.

Darüber hinaus kommt für Sie als Vermieter durch die Vermietung von Gemeinschaftsräumen wie Wohnzimmer, Küche und Badezimmer einiges an zusätzlichen Einkünften zusammen. Je mehr Mieter Sie in der WG haben, umso größer ist dieser finanzielle Vorteil. Bei einer Vermietung lediglich an zwei Personen machen Sie an der Vermietung der Gemeinschaftsräume keinen Gewinn, denn Sie rechnen pro Person immer mit einem Anteil von 50 % an der ortsüblichen Vergleichsmiete für die Gemeinschaftsräume. Bei zwei Personen rechnen Sie lediglich 100 % der Vergleichsmiete ab, was bedeutet, dass Sie gegenüber der Einzelvermietung keinen Vorteil haben. Anders wird es ab der dritten Person, denn diese beschert Ihnen zusätzliche 50 % Mieteinnahmen bei der Gemeinschaftsfläche. **Bei sechs Personen** würden Sie dementsprechend für die Gemeinschaftsfläche 6 × 50 % = 300 %, also das **Dreifache der maximalen Miethöhe** im Vergleich zur Einzelvermietung einnehmen – ein enormer Gewinn.

Diese zwei Aspekte – 1) die Steigerung der Miete durch den Vergleich der Einzelzimmer mit einer fiktiven Einzimmerwohnung und 2) die höheren Einnahmen durch die Gemeinschaftsflächen bei mehr als zwei Mietern – sind Ihre Hebel, mit denen Sie die WG-Vermietung als Technik zur Profitmaximierung nutzen können. **In dem folgenden Rechenbeispiel wird aufgeführt, wie sich diese Profitmaximierung konkret in den Einnahmen niederschlägt.** Hierfür wird das Beispiel des Vermieters und Mieters, die vor dem Amtsgericht Stuttgart waren, herangezogen.

Der Kläger und Mieter vor dem Amtsgericht Stuttgart ging in seinem Rechenbeispiel von einer Wohnfläche von 22,24 m² aus und verlangte eine Anpassung der Miete auf 245 €. Dabei rechnete er sowohl für den Gemeinschaftsanteil als auch für sein eigenes Zimmer mit der ortsüblichen Vergleichsmiete für eine Immobilie mit einer Wohnfläche von 142 m². Daraus lässt sich schlussfolgern, dass die ortsübliche Vergleichsmiete für eine Immobilie dieser Größenordnung bei ungefähr 11 € liegt.

Würde der Vermieter nicht im Rahmen einer WG an mehrere Vertragspartner vermieten, sondern an einen Hauptmieter, dann könnte er maximal diese ortsübliche Vergleichsmiete für die gesamte Immobilie verlangen, was bei 142 m² Wohnfläche insgesamt 1.562 € sind. Der Vermieter, gegen den vor dem Stuttgarter Amtsgericht geklagt wurde, erzielte allerdings einen größeren Profit. Wie das Amtsgericht informiert, nahm er für das Zimmer des Klägers, das 15,07 m² Größe hatte, und für den Anteil des Klägers an der Gemeinschaftsfläche 504 € Kaltmiete ein. Dabei rechnete der Vermieter wahrscheinlich wie folgt:

- Die Gemeinschaftsfläche mit 43 m² fließt bei einer Quadratmetermiete in Höhe von 11 € zur Hälfte in die Miete ein, was 21,5 m² entspricht. (**Hinweis**: Auf den Gemeinschaftsanteil der Wohnfläche muss die ortsübliche Vergleichsmiete für eine 142-m²-Wohnung angewendet werden!)

- Das Einzelzimmer misst 15,07 m². Zur Berechnung des Anteils dieses Zimmers an der Miete hat der Vermieter wohl die ortsübliche Vergleichsmiete für eine fiktive Einzimmerwohnung herangezogen. Der Zimmeranteil an der Gesamtmiete wird im Folgenden berechnet. Es wird in der folgenden Gleichung die Variable „x" sein.
- Die Gesamtmiete ist mit 504 € gegeben.

Um die ortsübliche Vergleichsmiete für eine fiktive Einzimmerwohnung zu bestimmen, die für die weitere Rechnung relevant ist, wird nun die Variable „x" bestimmt.

$$15{,}07\,m^2 \times x + 21{,}5\,m^2 \times 11\,\text{€}/m^2 = 504\,\text{€}$$

$$15{,}07\,m^2 \times x + 236{,}50\,\text{€} = 504\,\text{€} \mid -236{,}50\,\text{€}$$

$$15{,}07\,m^2 \times x = 267{,}50\,\text{€} \mid \div 15{,}07\,m^2$$

$$x \approx 17{,}75\,\text{€}/m^2$$

Die ortsübliche Vergleichsmiete für eine fiktive Einzimmerwohnung liegt somit bei ungefähr 17,75 € pro Quadratmeter. Es ist anzunehmen, dass der Vermieter diesen Quadratmeterpreis auch bei den anderen Mietern in der 6-Personen-WG ansetzte. Dies wiederum bedeutet, dass für die gesamte Wohnfläche abzüglich der Gemeinschaftsfläche von 43 m² eine Miete in Höhe von 17,75 € pro Quadratmeter anzusetzen ist. So errechnen sich die Mieteinnahmen aus der Vermietung der Einzelzimmer wie folgt:

$$(142\,m^2 - 43\,m^2) \times 17{,}75\,\frac{\text{€}}{m^2}$$

$$99\,m^2 \times 17{,}75\,\frac{\text{€}}{m^2} = 1.757{,}25\,\text{€}$$

Die Gemeinschaftsfläche wird mit dem für Wohnungen der Größe 142 m² üblichen Preis abgerechnet, der sich auf bereits besagte 11 € pro m² beläuft. Weil jeder Person ein Anteil in Höhe von 50 % an der Gemeinschaftsfläche zugerechnet wird und es sechs Personen in der WG gibt, lautet die Rechnung wie folgt:

$$43\,m^2 \times 11\,\frac{\text{€}}{m^2} \times 6\,Personen \times 0,5/Person$$

$$43\,m^2 \times 11\,\frac{\text{€}}{m^2} \times 3$$

$$43\,m^2 \times 11\,\frac{\text{€}}{m^2} \times 3 \;=\; 1.419\,\text{€}$$

Rechnet man nun die sechs Mieten für die Einzelzimmer und die sechs Mieten für die Gemeinschaftsflächen durch Addition zusammen, so ergeben sich **Mieteinnahmen in Höhe von 3.176,25 € für die gesamte Immobilie**. Diese Miethöhe ist bei einer WG-Vermietung möglich, jedoch bei weitem nicht bei einer Vermietung an nur einen Hauptmieter, denn in diesem Fall würde die Mietpreisbremse eine Miethöhe dieser Art verhindern.

Abschließende Hinweise und Bewertung der WG-Vermietung

Die WG-Vermietung ist für Sie eine Option, wenn Sie die **Bereitschaft haben, mit jedem Mieter einen separaten Vertrag abzuschließen**. Eine Vermietung an einen Hauptmieter, der nach WG-Mitgliedern sucht, und ebenso eine Vermietung an alle Mieter als Hauptmieter ist unprofitabel. Im Vergleich zur Vermietung an einen Hauptmieter haben Sie bei einzeln abgeschlossenen Mietverträgen den Vorteil, dass Sie eine höhere Miete fordern können. Wie sehr Sie profitieren, hängt unter anderem von der Größe der WG und der Anzahl der Mieter ab: An der Gemeinschaftsfläche machen Sie beispielsweise erst dann einen höheren Profit als bei der Einzelvermietung, wenn Sie mindestens drei Mieter in der WG haben.

Grundsätzlich wird die WG-Vermietung **ab einer Anzahl von vier WG-Mitgliedern besonders profitabel**, weil Sie hier das Doppelte für die Gemeinschaftsfläche einnehmen und auch an den Mieterträgen aus den Einzelzimmern einen signifikanten Profit einfahren, der den zusätzlichen Aufwand bei einer WG-Vermietung für wohl jeden Vermieter rechtfertigen würde.

Die Praxis zeigt, dass die WG-Vermietung nicht einmal zwingend mit einem deutlich höheren Aufwand als die Vermietung an Einzelpersonen oder Familien verbunden sein muss. In einer WG ist nämlich die Wahrscheinlichkeit hoch, dass sich immer mindestens ein Mieter findet, der „den Dreck hinter den anderen wegräumt" und Ihnen einen Hinweis gibt, welche Mieter in der WG womöglich fehl am Platz sind. So können Sie rechtzeitig reagieren und einen besseren Mieter finden. Bei einer Vermietung an Einzelpersonen und Familien haben Sie das Risiko, dass Mietnomaden schlimmstenfalls über Monate oder sogar Jahre unerkannt bleiben und Sie diese am Ende nur noch durch ein gerichtliches Verfahren oder per Zwangsräumung aus der Wohnung bekommen.

Letzten Endes gibt es Vor- und Nachteile bei der WG-Vermietung ebenso wie bei jeder anderen Methode der Vermietung. **Unter dem Blickpunkt der Profitmaximierung ist die WG-Vermietung dennoch die beste Methode,** denn sie verursacht einen geringeren Aufwand als die im nächsten Kapitel beschriebene zeitweise Vermietung für wenige Tage oder Wochen und gleichzeitig ein ähnlich hohes Ertragspotenzial.

Tipp!

Wenn Sie Hauptmieter sind und eine Erlaubnis zur Untervermietung haben, können Sie das Prinzip der WG-Vermietung durchführen, ohne eine Immobilie zu besitzen. In diesem Fall beziehen Sie ein Zimmer und vermieten die restlichen Zimmer der Immobilie zu einem höheren Quadratmeterpreis als Ihr Vermieter. So fahren Sie als Mieter sogar einen Gewinn ein, ohne sich um diverse bürokratische Pflichten und Arbeiten zu kümmern, die auf Immobilieneigentümer entfallen.

6 | Vermietung über kurze Zeiträume

Plattformen wie *Airbnb* und *booking.com* werden von Reisenden immer häufiger genutzt, um eine kostengünstige Möglichkeit zur Übernachtung zu finden. Anstatt die in der Regel teureren Hotels zu nutzen, werden die Angebote für Kurzzeitwohnungen auf den entsprechenden Plattformen verglichen. Aufgrund des großen Angebots an Wohnungen, Häusern, Villen, Hostels und weiteren Unterkünften auf den Plattformen finden Reisende genau das, was sie suchen.

Da es sich bei Reisenden nicht nur um ausländische Touristen handelt, ist die Zielgruppe bei einer kurzfristigen Vermietung groß. Personen, die Verwandte oder Freunde besuchen, Messebesucher und zahlreiche weitere Deutsche mieten über Plattformen für kurze Zeiträume Unterkünfte an, weil es sie für einige Tage in eine bestimmte Stadt zieht. Für Vermieter kann diese Variante der Vermietung besonders lukrativ sein, da die potenziellen Erträge wesentlich höher sind als bei einer langfristigen Vermietung mit unbefristetem Mietvertrag.

Grundlegender Überblick über die Vor- und Nachteile der kurzfristigen Vermietung

Im Gegensatz zu einer langfristig vermieteten Immobilie müssen Sie bei einer kurzfristigen Vermietung die **Immobilie möblieren**. Jemand, der beispielsweise seine Verwandten besucht und nur zwei Tage in der Stadt bleibt, wird auf eine möblierte Wohnung angewiesen sein. Die Möblierung ist ein einmaliger Aufwand: Wenn Sie die Immobilie einmal möbliert haben, müssen Sie sich darum jahrelang nicht kümmern. Angesichts der Chancen zur Abgrenzung von der Konkurrenz, die Ihnen eine Möblierung bietet, sollten Sie bei der Qualität der Möblierung keine Abstriche machen.

Neben dem einmaligen Aufwand der Möblierung geht mit der kurzzeitigen Vermietung ein **regelmäßig wiederkehrender Aufwand** einher. Immer wiederkehrend sind die folgenden Aufgaben, die Sie als kurzzeitiger Vermieter haben:

- Finden neuer Mieter und Durchführung der Buchung
- Schlüsselübergabe und Schlüsselabnahme
- Reinigung nach jeder Vermietung
- Rechnungsstellung und Steuererklärung

Diesem Aufwand gegenüber steht das **deutlich höhere Ertragspotenzial im Vergleich zu einer langfristigen Vermietung**. Das höhere Ertragspotenzial ist ein deutlicher Mehrwert der kurzzeitigen Vermietung: Das Potenzial ist sogar so viel höher, dass einige Personen, die sich kein Immobilieneigentum leisten, Wohnungen in Top-Lagen mieten und diese untervermieten. Die Erträge aus der Untervermietung übersteigen die Mietzahlungen derart deutlich, dass die Mieter durch die Untervermietung sogar vierstellige monatliche Gewinne einfahren können. Einige Mieter handhaben es so, dass sie größere Wohnungen mit mehreren Zimmern mieten. Während sie ein Zimmer selbst nutzen, vermieten sie drei weitere Zimmer kurzzeitig an Touristen, Messebesucher und weitere Klientel mit kurzzeitigem Wohnraumbedarf. Somit ist die in diesem Kapitel beschriebene Methode zur Profitmaximierung aus der Vermietung **nicht nur für Immobilieneigentümer** eine viel-versprechende Einkunftsquelle, sondern auch für Mieter, denen die Untervermietung vertraglich erlaubt ist.

In den nächsten drei längeren Abschnitten wird auf den Auf-wand und die Ertragspotenziale bei der kurzzeitigen Vermie-tung genauer eingegangen. Sie erhalten unter anderem Tipps zur Möblierung und darüber hinaus Rechenbeispiele, die das Ertragspotenzial bei einer kurzzeitigen Vermietung veran-schaulichen.

Möblierung eröffnet Chancen zur Abgrenzung von der Konkurrenz

Die Möblierung sollte mindestens eine **Küche mit einer Grundausstattung zum Kochen und Essen** (Kühlschrank, Herd, Wasserkocher, Besteck, Teller, Gläser und Tassen), **ein Badezimmer und eine Schlafgelegenheit** beinhalten. Außerdem sollte die Immobilie am besten einige weitere Annehmlichkeiten bieten, wie einen Kleiderschrank, einen Tisch mit mindestens zwei Stühlen, einen Fernseher und einen Backofen in der Küche. Schon mit dieser zusätzlichen Ausstattung wird es viel leichter, Mieter zu finden.

Um sich von den anderen Anbietern für Unterkünfte abzugrenzen, möblieren Sie die Immobilie im Idealfall ansprechend und bieten einige Besonderheiten. Nehmen Sie sich hierfür gern ein Beispiel an den anderen Ange-boten auf Portalen wie *Airbnb*: Hier grenzen sich einige Vermieter dadurch ab, dass sie die Wohnung mit **Smart-Home-Geräten** oder einem **Surround-Sound-System** für ein besonderes Film- und Musikerlebnis ausstatten. Je mehr besondere Merkmale Ihre Immobilie hat und je höher die Qualität der Möbel und der Dekoration ist, umso leichter und zu höheren Preisen bekommen Sie die Immobilie vermietet.

> **Tipp!**
>
> Falls Sie eine Inspiration brauchen, um Ihre Immobilie für eine Kurzzeitvermietung ansprechend zu möblieren, erweisen sich die Muster-Zimmer in Möbelgeschäften wie *IKEA* als hilfreich. Besuchen Sie eines der großen *IKEA*-Geschäfte und machen Sie einen Rundgang. Sie können die Musterzimmer von *IKEA* sogar unverändert für Ihre Immobilie übernehmen.

Bis hierhin wurde ausführlich auf die Möblierung der Immobilie eingegangen, weil diese ein Kernaspekt bei der kurzzeitigen Vermietung ist. Wenn Sie sich die Unterkünfte auf *Airbnb* und ähnlichen Plattformen ansehen, wird Ihnen womöglich auffallen, dass in den meisten Städten rund 90 % der Unterkünfte wenig ansprechend möbliert sind. Spartanische Einrichtungen mit Möbeln, die ziemlich alt und teilweise abgenutzt sind, sind weit verbreitet. Dass auch diese Unterkünfte gemietet werden, zeigt, wie groß die Nachfrage nach zeitweise vermieteten Immobilien vor allem in den Großstädten Deutschlands ist. Wenn Sie Ihre Immobilie ansprechend möblieren, werden Sie aller Voraussicht nach regelmäßig Buchungen haben.

Durch Zusammenarbeit mit Plattformen einfach neue Mieter finden

Zur Erinnerung ein Blick auf den regelmäßigen Aufwand, der Sie bei einer kurzzeitigen Vermietung erwartet:

- Finden neuer Mieter und Durchführung der Buchung
- Schlüsselübergabe und Schlüsselabnahme
- Reinigung nach jeder Vermietung
- Rechnungsstellung und Steuererklärung

Den Großteil dieses Aufwands umgehen Sie, indem Sie mit *airbnb*, *booking.com* und ähnlichen Plattformen zusammenarbeiten. Wie das gelingt, erklären die folgenden Abschnitte.

Finden neuer Mieter und Durchführung der Buchung

Das Finden neuer Mieter und die Durchführung der Buchung sollten Sie über Plattformen abwickeln. Die Vorstellung, eine Website zu erstellen und die eigene Wohnung auf diese Weise als Ferien- und Messeunterkunft zu vermarkten, ist utopisch. Sogar die Buchungen bei großen Hotelketten erfolgen mittlerweile hauptsächlich über Plattformen wie *booking.com*, *HRS*, *HOTEL.DE* und *trivago*. Arbeiten also auch Sie gezielt mit den Online-Plattformen zusammen, damit **die Mieter Ihre Wohnung über die bekannten Plattformen finden und die Buchung darüber abgewickelt wird**. Hilfreiche Plattformen für die zeitweise Vermietung von Wohnungen, Häusern, Villen und weiteren Arten von Unterkünften sind:

- *airbnb* (https://www.airbnb.de/)
- *booking.com* (https://www.booking.com/index.de.html)
- *9flats.com* (https://www.9flats.com/de)
- *FeWo-direkt* (https://www.fewo-direkt.de/)

Im Normalfall dürfte die **Zusammenarbeit mit zwei Plattformen ausreichen**, um genug Mieter zu finden. Vermieter mit einer ansprechend möblierten Immobilie in guter Lage in Großstädten nutzen häufig nur die Plattform *airbnb* und erreichen damit eine nahezu volle Auslastung ihrer Immobilie. Wegen der hohen Sicherheit für Vermieter (z. B. im Streitfall) und der umfangreichen Bewertungsfunktionen von Vermieter- sowie Kundenseite sind die Plattformen *airbnb* und *booking.com* generell am meisten zu empfehlen.

> ***Hinweis!***
>
> Achten Sie darauf, die Verfügbarkeit Ihrer Unterkunft zu aktualisieren. Wenn Sie mehrere Plattformen (z. B. *airbnb*, *booking.com* und *FeWo-direkt*) nutzen und jemand für den Zeitraum vom 20. bis 24. März über *airbnb* bucht, wird auf *airbnb* angezeigt, dass die Wohnung in diesem Zeitraum nicht verfügbar ist, aber auf *booking.com* und *FeWo-direkt* wird sie nach wie vor als verfügbar angegeben. Bei Buchungen müssen Sie also plattformübergreifende Aktualisierungen der Verfügbarkeit selbst vornehmen. Dies ist mit wenigen Klicks erledigt, denn Sie dürfen die Unterkünfte auf jeder Plattform für gewisse Zeiträume blockieren.

Durch die Vermietung über Plattformen meistern Sie einen Teil des Aufwands bei kurzzeitiger Vermietung, nämlich die Mietersuche und die Buchungsdurchführung, relativ einfach. Die **Mieter finden Ihre Unterkunft leicht und die Buchungsdurchführung wird über die Systeme der Plattform abgewickelt**. Sie zahlen z. B. bei *airbnb* lediglich eine Servicegebühr in Höhe von 3 % auf die Zwischensumme der Buchung. Die Zwischensumme der Buchung setzt sich aus dem Preis pro Übernachtung und Ihrer Reinigungsgebühr, die Sie dem Gast auf den Übernachtungspreis aufschlagen, zusammen. Nur in seltenen Fällen müssen Gastgeber eine höhere Gebühr als 3 % zahlen. Wann dies der Fall ist, werden Sie im Zuge der Anmeldung auf *airbnb* erfahren. Alternativ können Sie sich den Info-Artikel von *airbnb* unter dem Link https://www.airbnb.de/help/article/1857 durchlesen.

Schlüsselübergabe und Schlüsselabnahme

Diesen Aufwand können Sie sich sparen, indem Sie zur Schlüsselübergabe eine **Schlüsselbox bereitstellen**. Zur

Schlüsselabnahme können Sie dem Mieter die Anweisung geben, die Schlüssel entweder wieder in die Schlüsselbox zurückzulegen oder diese beim Verlassen der Unterkunft auf dem Tisch liegenzulassen. So ersparen Sie sich die Zeit, zu Beginn der Vermietung zur Unterkunft zu fahren und die Schlüssel übergeben und am Ende der Vermietung die Schlüssel abnehmen zu müssen.

Die Nutzung einer Schlüsselbox ist sowohl für Sie als auch für den Mieter praktisch. Auf einigen Plattformen gibt es den Filter „Flexibler Check-in". Wenn Sie durch die Nutzung einer Schlüsselbox einen flexiblen Check-in ermöglichen, wird es Ihnen wahrscheinlich **leichter fallen, Mieter zu finden**. Eine Kehrseite bei der Nutzung einer Schlüsselbox ist, dass Sie sich keinen persönlichen Eindruck von den Mietern verschaffen können, da es zu keinem Aufeinandertreffen kommt. Somit gehen Sie ein höheres Risiko ein, dass unseriöse Mieter die Unterkunft verwüstet hinterlassen oder gegen die von Ihnen definierten Verhaltensregeln verstoßen. In diesem Zusammenhang ein wichtiger Tipp: Lassen Sie am besten nur Mieter zu, die schon mehrere positive Bewertungen auf der jeweiligen Buchungsplattform erhalten haben und bei denen davon auszugehen ist, dass sie sich ordnungsgemäß verhalten werden!

Reinigung nach jeder Vermietung

Nachdem ein Mieter die Unterkunft verlassen hat, muss diese gereinigt werden. Die Reinigung fällt bei jedem Mieter also nur ein Mal an, **Zwischenreinigungen sind nicht erforderlich**. Sie berechnen für die Reinigung einen Aufpreis, den Sie individuell bestimmen können. Die Reinigungspauschale sollte nicht nur die Kosten der Reinigung (z. B. Strom und Wasser für das Waschen der Wäsche, Kosten für die Müllabfuhr), sondern auch Ihren zeitlichen Aufwand berücksichtigen. Sie können die **Reinigung selbst vornehmen oder von einer Reinigungsfachkraft durchführen lassen**. Ebenfalls ein guter Tipp: Wenn Sie in Ihrem Bekanntenkreis oder in der Familie eine Person haben, die sich etwas dazuverdienen möchte, können Sie die Reinigung von dieser Person durchführen lassen.

Das **Ziel ist, dass Sie mit der Reinigung einen kleinen zusätzlichen Gewinn machen.** Wenn die Reinigungsfachkraft beispielsweise 40 € kostet, dann können Sie auf den Dienstleistungspreis 20 € aufschlagen. So stellen Sie dem Mieter insgesamt 60 € für die Reinigung in Rechnung. Auf die Reinigungsgebühr fallen bei den meisten Plattformen ebenso wie auf den Übernachtungspreis Gebühren an. Bei *airbnb* sind es in der Regel die besagten 3 % an Servicegebühren. Somit würden Sie 3 % von 60 € (das sind 1,80 €) an Gebühren zahlen. Diese 1,80 € und die Kosten für die Reinigungsfachkraft in Höhe von 40 € – also insgesamt 41,80 € – setzen Sie steuerlich von den 60 € Einnahmen ab, sodass nach Abzug der Kosten ein steuerpflichtiger Gewinn von 18,20 € allein durch die Reinigung verbleibt.

Letzten Endes können Sie mit der Reinigung einen beachtlichen zusätzlichen Gewinn machen – vor allem dann, wenn Sie ein flinkes Händchen haben und die Reinigung schnell selbst hinbekommen oder wenn Freunde oder Familienmitglieder Ihnen helfen.

Achten Sie bei der Zusammenarbeit mit Buchungsplattformen darauf, ob die jeweilige Plattform es überhaupt anbietet, Reinigungsgebühren in Rechnung zu stellen oder ob davon ausgegangen wird, dass Sie diesen Aufwand in Ihren Übernachtungspreis einkalkuliert haben.

Rechnungsstellung und Steuererklärung

Die Rechnungsstellung erledigt sich bei der Zusammenarbeit mit Buchungsplattformen von selbst. Da die Mieter ein Geschäft mit der Buchungsplattform abschließen, erhalten diese die Rechnung von der Plattform. Auf der Rechnung werden die Gebühren der Buchungsplattform und die Preise der Vermieter transparent aufgeführt. Sie müssen sich um nichts kümmern, außer darum, die Preise richtig zu hinterlegen.

> **Tipp!**
>
> Achten Sie darauf, zu Urlaubszeiten, Messezeiten und zu anderen Zeiten mit voraussichtlich hoher Nachfrage nach Unterkünften höhere Übernachtungspreise als sonst festzulegen. Zu Messezeiten besteht vor allem in den populären und großen Messestädten wie Köln, Berlin und Hannover die Aussicht auf um 80 bis 150 % höhere Übernachtungspreise als sonst.

Beim Großteil der Buchungsplattformen erfolgt die **Auszahlung der Einnahmen an Vermieter in Abständen von einem Monat**. Zusammen mit der Auszahlung erhalten Sie alle erforderlichen Dokumente, um die Steuererklärung gesetzeskonform ausfüllen zu können. Das Einreichen der Steuererklärung ist für Sie verpflichtend, da Sie als Vermieter selbstständig sind.

Bei einer kurzzeitigen Vermietung kann es sogar passieren, dass Sie als Gewerbetreibender eingestuft werden. Das bedeutet, dass Sie neben der Einkommenssteuer ggfs. Weitere Steuern zahlen müssen. Ab einem Umsatz von über 22.000 € im abgelaufenen Jahr und einem erwarteten Umsatz von über 50.000 € im laufenden Jahr sind Sie umsatzsteuerpflichtig (Stand: März 2023). Die Grenzbeträge, ab denen Sie umsatzsteuerpflichtig sind, werden regelmäßig erhöht. Bringen Sie sich daher durch weitere Recherche im Internet auf den aktuellen Stand. Sie werden ab einem Jahresgewinn von über 24.500 € gewerbesteuerpflichtig.

Ob Sie als kurzzeitiger Vermieter als Gewerbetreibender eingestuft werden, welche steuerlichen Konsequenzen sich daraus im Detail ergeben und wie Sie die Steuererklärung einreichen, klären Sie am besten im Detail bei der Steuerberatung. Schlussendlich ist die Einreichung der Steuererklärung ein Aufwand, an dem Sie sowohl bei der kurz- als auch bei der langfristigen Vermietung nicht vorbeikommen. Bei der kurzzeitigen Vermietung ist der Aufwand bei der Steuererklärung üblicherweise größer als bei der langfristigen Vermietung, doch die höheren Einnahmenpotenziale bei kurzfristiger Vermietung sind eine angemessene Entschädigung für den erhöhten Aufwand.

Rechenbeispiele: Ertragspotenzial bei kurzzeitiger Vermietung

Im ersten Rechenbeispiel geht es um einen realen Fall. Die Mieterin H. aus der Kleinstadt Pirna in Sachsen hatte die Idee, eine größere Wohnung anzumieten und per Untervermietung Zimmer zu vermieten. Die Schlafzimmer in der Altbauwohnung richtete sie mit günstigen Kieferbetten ein. Für das Wohnzimmer wählte sie zwei gebrauchte Zweiercouchen, einen Couchtisch, einen Tisch mit zwei Stühlen und für die Spieleecke einen kleinen Schrank mit Gesellschaftsspielen. Darüber hinaus kaufte sie Dekorationen und einige Zimmerpflanzen. Die Küche richtete sie mit einem Kühlschrank, einem großen Tisch für bis zu 10 Personen, einem kleinen Elektroherd und einem Mini-Backofen ein. Weitere Regale, eine Spüle und Besteck gab es auch. Zwei Badezimmer mit je zwei Duschen und je einer Toilette und je einem Waschbecken und der große Flur komplettierten die Wohnung.

Aufgrund der **einfallsreichen Gestaltung mit viel Persönlichkeitsfaktor und vielen Gebrauchtwaren** bekam sie es hin, ihr Hostel einzigartig zu gestalten und die Besucher zu begeistern. Zudem handelte es sich um eine **Altbauwohnung mit Stuckaturen an den Decken** und dem klassischen Charme, den alte Gebäude mit hohen Decken entfalten. Die Lage der Immobilie ist sehr zentral und in wenigen Minuten Fußweg sind die Altstadt von Pirna und der Zug- sowie Busbahnhof erreicht. Von Pirna aus sind es nach Prag wenige Stunden Zug- oder Autofahrt, Dresden liegt per Zug oder Auto weniger als eine halbe Stunde entfernt. Eine besondere Attraktion ist der **Nationalpark Sächsische Schweiz, der sich von Pirna bis zur tschechischen Grenze zieht und viele Sehenswürdigkeiten, Wanderwege sowie Freizeitaktivitäten bietet.** Aufgrund der Lage und der Einrichtung vermarktete sich die Unterkunft über die Plattform *booking.com* fast von selbst. Die Mieterin H. arbeitete zudem mit weiteren Buchungsplattformen zusammen. Nun zu einer Kostenrechnung und zur Zimmeraufteilung:

- Die Warmmiete beträgt höchstens 1.800 € pro Monat.
- Die Zimmeraufteilung und Zimmerpreise fallen wie folgt aus:
  - Ein Mehrbettzimmer für bis zu 5 Leute mit je 15 € pro Übernachtung für jede Person. Maximal 75 € nimmt H. durch dieses Zimmer pro Nacht ein.
  - Zwei Zweibettzimmer mit je 30 € Kosten pro Person, was bei bis zu vier Personen maximale Einnahmen von 120 € pro Nacht bedeutet.
  - Im Dreibettzimmer liegt der Ertrag bei drei Gästen bei bis zu 90 € pro Nacht.
  - Insgesamt, bei voller Auslastung, nimmt H. pro Nacht also 285 € ein.
- Zieht man von den Einnahmen die ermäßigte Umsatzsteuer ab, so verbleiben ca. 240 €.
- Darüber hinaus fallen weitere Kosten für die Reinigung an, die H. jedoch selbst übernimmt oder kostenfrei durchführen lässt.

Kostenfrei eine Reinigung durchführen lassen? H. ist kreativ und beherrscht mehrere Sprachen. Sie hat in dem Hostel ein weiteres Zimmer. Dieses Zimmer stellt sie ausländischen Personen zur Verfügung, die Deutschland besuchen möchten und nach einer kostengünstigen Unterkunft suchen. Über Online-Plattformen und soziale Medien inseriert sie beispielsweise wie folgt: „Hostel-Zimmer in Pirna kostenfrei bei 2 – 3 Stunden Arbeit täglich." Das **freie Zimmer ist sozusagen die Vergütung für die Reinigungskräfte**. Es verbleiben also nur die Kosten für den Strom und das Wasser durch die Waschmaschine, die sich im Rahmen halten.

H. kann ihr Hostel allerdings nicht komplett auslasten, denn die Nachfrage ist vor allem in den Wintermonaten gering. **In den Monaten April – September erreicht sie dagegen eine 80-prozentige Auslastung**, was bedeutet, dass die durchschnittlichen Einnahmen pro Nacht bei 212,80 € liegen. Für die Rechnung sei der Einfachheit wegen davon ausgegangen, dass die sechs Monate April – September je 30 Tage haben. So erzielt H. bei einer 80-prozentigen Auslastung in den sechs Monaten Einnahmen in Höhe von 30 × 6 × 212,80 € = 38.304 € nach Abzug der Umsatzsteuer.

In den kälteren Monaten Oktober – März sei im Durchschnitt von einer 20-prozentigen Auslastung pro Tag ausgegangen, was in ungefähr einem Einkommen von 53,20 € pro Nacht abzgl. der Umsatzsteuer entspricht. Bei sechs kälteren Monaten zu je 30 Tagen und einem Einkommen von 53,20 € ohne Umsatzsteuer pro Nacht kommt H. auf Einnahmen in Höhe von 9.576 €. Rechnet man die 9.576 € mit den 38.304 € zusammen, so betragen die Jahreseinnahmen abzgl. der Umsatzsteuer 47.880 €. Die Warmmiete beträgt höchstens 1.800 € pro Monat und beläuft sich somit aufs Jahr gerechnet auf 21.600 €. Wenn man von den 47.880 € Einkünften die 21.600 € Ausgaben abzieht, verbleibt ein Gewinn in Höhe von 26.280 € pro Jahr. Hierauf fallen die Gewerbesteuer und die Einkommenssteuer an. Gelingt es H., den Gewinn auf unter 24.000 € im Jahr zu drücken, so entfällt die Gewerbesteuer sogar komplett. Dies sollte gelingen, denn neben der Miete und den Reinigungskosten dürfte H. noch einige weitere Kostenposten haben, die den Gewinn von 26.280 € auf unter 24.000 € drücken.

Dieses rudimentäre Rechenbeispiel – da leider kein detaillierter Einblick in die Finanzen von H. vorliegt – illustriert, wie sich schon allein mit einer Untervermietung ein **nennenswerter fünfstelliger Gewinn pro Jahr** erzielen lässt. Sollten Sie Immobilieneigentümer sein, dann entfällt für Sie sogar die Mietzahlung als hoher Kostenfaktor. Falls Ihnen der Aufwand zu groß ist, können Sie auch eine Person dafür bezahlen, dass Sie die Schlüsselübergabe und -abnahme, die Reinigung sowie weitere Pflichten rund ums Hostel übernimmt. Das Ertragspotenzial bei diesem Konzept der kurzzeitigen Vermietung in Form eines Hostels beträgt mehr als das Doppelte im Vergleich zu einer langfristigen Vermietung an eine Person – zumal es schwer sein dürfte, einen Mieter für eine Altbauwohnung dieser Größe zu finden.

Nun zum **zweiten Rechenbeispiel**: Gehen wir davon aus, dass Sie eine Wohnung in einer Großstadt haben, diese Wohnung gut möbliert ist und neben dem grundlegenden Mobiliar über einige Annehmlichkeiten verfügt, wie z. B. Smart-TV, Kingsize-Bett und einen Balkon mit Panoramaaussicht. Mit einer solchen Wohnung möchten Sie nun auf *airbnb* die Konkurrenz ausstechen und eine relativ hohe Auslastung erzielen. *Wie legen Sie den Preis fest und woher wissen Sie, ob sich eine kurzzeitige Vermietung Ihrer Immobilie überhaupt lohnt?* In diesem Fall sollten Sie sich an anderen Unterkünften, die qualitativ und von der Lage her mit Ihrer Unterkunft vergleichbar sind, orientieren. **So bekommen Sie es hin:**

I. Geben Sie auf *airbnb* die Stadt ein, in der Sie Ihre Immobilie haben. Wir gehen für ein Beispiel von dem Ort Köln-Innenstadt aus. Bei einer solchen Großstadt und der Lage in der Innenstadt können Sie durch das hohe Touristen- und Besucheraufkommen und aufgrund der Messen von guten Voraussetzungen für eine kurzzeitige Vermietung ausgehen.

II. Wählen Sie bei den Filterfunktionen einen flexiblen Aufenthaltszeitraum aus, um möglichst viele Unterkünfte vorgeschlagen zu bekommen. Geben Sie beim Filter so viele Reisende an, wie auch Sie beherbergen können. Sie werden dann Unterkünfte finden, die nicht nur von der Lage, sondern auch von der Größe her mit Ihrer Unterkunft vergleichbar sind.

III. Dadurch, dass Sie bei der Suche kaum filtern und viele Unterkünfte vorgeschlagen bekommen, werden Sie leichter eine Unterkunft finden, die mit der Ihren vergleichbar ist, und deren Auslastung prüfen können, um anhand dessen Ihre voraussichtlichen Einnahmen zu kalkulieren. Das folgende Beispiel erklärt diese Vorgehensweise:

    a. Es wird angenommen, dass Sie eine Einzimmerwohnung in Köln-Innenstadt anbieten.

    b. Sie suchen daher auf *airbnb* nach Einzimmerwohnungen in Köln-Innenstadt. Diese sollten von der Qualität der Einrichtung her auf einem Niveau mit Ihrer Unterkunft liegen.

    c. Sie suchen am 20. Februar und finden eine ähnliche Unterkunft für eine Person mit einem Preis von 56 € pro Nacht. Diese Unterkunft ist bis zum 20. März durchgehend ausgebucht und im Mai für eine Woche gebucht. Abgesehen von dieser Wohnung finden Sie eine andere qualitativ ähnliche Einzimmerwohnung, die zu 35 € Übernachtungspreis vermietet wird und mit Ausnahme von ein paar Tagen im März und Mai sogar bis Ende Juni ausgebucht und auch im Juli und August noch gut belegt ist.

d. Nun könnten Sie für sich schlussfolgern, einen Preis von 40 – 45 € pro Nacht festzulegen. Dann hätten Sie mit Ihrer Wohnung vermutlich im Vergleich zur 56 € -Wohnung eine höhere Auslastung und im Vergleich zur 35 €-Wohnung höhere Einnahmen. Bei der realistischen vollen Auslastung könnten Sie von Mieteinnahmen von über 1.200 € pro Monat für eine kleine Einzimmerwohnung in Köln-Innenstadt ausgehen. Zu Ferienzeiten, Messezeiten und auch an Feiertagen oder zu Zeiten von besonderen Veranstaltungen in Köln können Sie sogar das Doppelte verlangen, sodass ca. 16.000 bis 18.000 € an Mieteinnahmen pro Jahr nicht unrealistisch sind.

IV. Optimalerweise vergleichen Sie nicht nur zwei Unterkünfte mit Ihrer Unterkunft, sondern **beziehen noch mehr Unterkünfte in den Vergleich ein**. Dies macht Ihre Kalkulation zuverlässiger und führt dazu, dass Sie den Preis für die Vermietung besser festlegen können. Berücksichtigen Sie außerdem die Größe der Unterkünfte: Sollte Ihre Einzimmerwohnung größer oder besser ausgestattet sein, dann können Sie dies in Ihrer Beschreibung hervorheben, ausdrucksstarke Fotos einfügen und mit gutem Grund mehr verlangen als andere Vermieter.

Auch wenn die Mieten bei langfristiger Vermietung in Kölns Innenstadt bemerkenswert hoch sind, werden Sie bei einem Blick auf die derzeitigen Mietspiegel und ortsüblichen Vergleichsmieten schnell merken, dass Sie bei voller Auslastung im Rahmen einer kurzzeitigen Vermietung definitiv mehr verdienen werden als bei einer langfristigen Vermietung. Sie bekommen kleinere Wohnungen in der Innenstadt von Köln in der Regel ohne Probleme zumindest fast voll ausgelastet – und zwar über das komplette Jahr!

Abschließende Hinweise und Bewertung der kurzzeitigen Vermietung

Die Methode der kurzzeitigen Vermietung ist **eine der wirksamsten Methoden zur Profitmaximierung bei der Vermietung**. Im Vergleich zur langfristigen Vermietung können Sie – basierend auf Erfahrungen und den obigen Rechenbeispielen – von 100 bis 120 % höheren Mieteinnahmen ausgehen. Voraussetzung hierfür ist, dass Sie Ihre Unterkunft ansprechend einrichten und den passenden Preis ausrufen.

Zwar übertrifft der Aufwand bei einer kurzzeitigen Vermietung den Aufwand bei einer langfristigen Vermietung deutlich, jedoch können Sie einen **Großteil des Aufwands** (Reinigung, Schlüsselübergabe, Schlüsselabnahme, Finden neuer Mieter, Rechnungsstellung) **zu geringen Kosten auslagern**. Die Zusammenarbeit mit Plattformen ist ein wichtiger Schlüssel hierzu und gleichzeitig unumgänglich, um schnell und unkompliziert neue Mieter zu finden.

Wenn Ihre Unterkunft besonders beliebt ist, können Sie über die sozialen Medien auf Ihr Angebot zur kurzzeitigen Vermietung aufmerksam machen. Außerdem ist ein **Eintrag bei *Google My Business* vorteilhaft**. Sie tragen sich bei Google als Betreiber eines Hostels oder Vermieter einer Unterkunft ein, geben Ihre Adresse an und hinterlegen die Kontaktdaten. Personen, die nicht über Buchungsplattformen, sondern über Google nach einer Übernachtungsmöglichkeit suchen, werden auf diese Weise auf Sie aufmerksam.

Sofern der Aufwand in Ihren Augen in einem vertretbaren Rahmen ist, bietet sich die Methode der kurzzeitigen Vermietung zur Maximierung Ihrer Einkünfte als Vermieter absolut an. Bedenken Sie, dass Sie durch eine sorgfältige Auswahl der Besucher – am besten nur Personen, die positive Bewertungen auf Buchungsplattformen haben – bei der kurzzeitigen Vermietung auf der sicheren Seite sind. **Konflikte zwischen Mietern und Vermietern**, die es bei einer langfristigen Vermietung geben kann und die sich dann monate- oder sogar jahrelang hinziehen und vors Gericht führen können, **sind bei einer kurzzeitigen Vermietung unwahrscheinlich**. Sollte es dennoch zu Konflikten kommen, dann können Sie als Vermieter Ihr Recht tendenziell besser und schneller durchsetzen als bei einer langfristigen Vermietung, weil Mieter bei kurzzeitigen Vermietungen weniger durch Rechtsvorschriften geschützt sind.

7 | Stellplätze und Garagen separat vermieten

Wenn Stellplätze und Garagen zum Grundstück eines Hauses gehören und z. B. hinter dem Haus oder im Garten des Hauses stehen, ist die separate Vermietung meist nicht möglich. In diesen Fällen werden Stellplätze und Garagen als untrennbarer Bestandteil der Immobilie angesehen.

Anders verhält es sich hingegen bei großen Mehrfamilienhäusern und bei Wohnblöcken, bei denen die Stellplätze und Garagen etwas abseits der Immobilie stehen. Ein Beispiel hierfür ist, wenn sich Stellplätze und Garagen auf einem anderen Grundstück circa 100 Meter von der Immobilie entfernt befinden. In diesen Fällen gehen immer mehr Vermieter dazu über, diese separat zu vermieten. Meist bekommt der Mieter einer Wohnung das Angebot, den Stellplatz oder die Garage zusätzlich zur Immobilie über einen separaten Mietvertrag anzumieten. Lehnt der Mieter dieses Angebot ab, so hat der Vermieter die Möglichkeit, den Stellplatz bzw. die Garage anderweitig zu vermieten.

Insbesondere die Mieterträge durch die separate Vermietung von Garagen sind in den vergangenen Jahren und Jahrzehnten enorm angestiegen. Wer Stellplätze und Garagen zusammen mit der Wohnung in einem Mietvertrag vermietet, nimmt meist nur 20 oder 30 € pro Monat für die Vermietung des Stellplatzes bzw. der Garage ein. Doch wer getrennt vermietet, kann sogar bis zu 200 € pro Monat zusätzlich einnehmen. In diesem Kapitel geht es um die Eigenschaften,

Ertragspotenziale und rechtlichen Aspekte bei der Einzelvermietung von Stellplätzen und Garagen.

Zunahme an Flexibilität für Mieter und Vermieter

Die separate Vermietung von Stellplätzen und Garagen ist eine der wenigen Techniken zur Profitmaximierung bei der Vermietung, dich **nicht nur für Vermieter profitabel ist, sondern zum Teil auch für Mieter**. Für beide Parteien nimmt nämlich bei der Einzelvermietung die Flexibilität zu. Anders ist es hingegen bei der Vermietung von Stellplätzen und Garagen in einem Mietvertrag mit dem Wohnraum: In diesem Fall greifen nämlich rechtliche Vorschriften wie bei der Vermietung von Wohnraum.

- Ein einheitliches Mietverhältnis über Wohnraum und Garage hat die Konsequenz, dass die Wohnraum-Kündigungsschutzvorschriften in vollem Umfang greifen. Demnach ist eine Teilkündigung der Garage unmöglich.
- Ferner ist es nicht möglich, die Miete für die Garage separat zu erhöhen, auch wenn die Garagenmiete die ortsübliche Miete unterschreitet.
- Mieterhöhungen für die Garage und Kündigungen der Miete für die Garage sind an den gemieteten Wohnraum gebunden und können nur erfolgen, wenn die Miete für den Wohnraum erhöht bzw. der Mietvertrag für den Wohnraum aufgelöst wird (Stürzer, 2023).

Anders sieht es bei einem separaten Mietvertrag für die Garage oder den Stellplatz aus, der sich nicht mehr an den Gesetzen des Mietrechts für Wohnraum orientieren muss. Vermieter und Mieter haben bei **separaten Mietverträgen** den erheblichen Vorteil, Kündigungen ohne Angabe von Gründen durchzuführen. Auch **Mieterhöhungen seitens des Vermieters können ohne Begründung erfolgen.**

Personen, die keinen Stellplatz oder keine Garage mehr brauchen, sind nicht wie bei einem Wohnungsmietvertrag langfristig gebunden. Vermieter können wiederum schnell nach neuen Mietern suchen und bei Bedarf eine höhere Garagenmiete verlangen. Beide Seiten profitieren von der hohen Flexibilität, die für Vermieter mit reichlich Potenzial zur Profitmaximierung einhergeht.

Rechtliche Besonderheiten separater Verträge für Garagen und Stellplätze

Eine rechtliche Besonderheit bei dem Abschluss separater Mietverträge für Garagen und Stellplätze ist die Tatsache, dass es **keine Obergrenzen bei der Miethöhe** gibt. Während bei Wohnraum die ortsübliche Vergleichsmiete und die Mietpreisbremse bei der Festsetzung der Anfangsmiete zu berücksichtigen sind, regeln bei Mietverträgen für Garagen und Stellplätze das Angebot und die Nachfrage auf dem Markt den Preis.

Sofern die Vermieter durch stark überhöhte Mieten kein Wuchergeschäft betreiben, ist gegen die Miethöhe nichts einzuwenden. Sie **orientieren sich als Vermieter am besten an den Preisen in der Umgebung** oder recherchieren im Internet nach den üblichen Miethöhen für Garagen und Stellplätze in Ihrer Stadt bzw. Ihrem Stadtteil. Hilfreich werden zudem die Informationen im Abschnitt „Aktuelle Situation und hohe Ertragspotenziale" sein, wobei die Preiseinschätzungen in diesem Abschnitt auf die Situation im März 2023 datieren und somit eventuell – sollten Sie dieses Buch einige Jahre später lesen – nicht mehr ganz der aktuellen Lage entsprechen.

Abgesehen von der Miethöhe, die sich nach Angebot und Nachfrage richtet, ist eine Besonderheit bei der Einzelvermietung von Stellplätzen und Garagen die **Umsatzsteuerpflicht Ihrer Einkünfte** als Vermieter: Es gibt bestimmte Arten von Objekten, bei deren Vermietung auf die Mieteinnahmen eine Umsatzsteuerpflicht entfällt. Davon betroffen sind Stellplätze und Garagen. Sie müssen also **auf die Nettomiete eine Umsatzsteuer von 19 % aufschlagen**. Hierfür multiplizieren Sie die Miete mit 1,19 und erhalten die Gesamtmiete inklusive Umsatzsteuer. Wenn Sie dem Mieter die Miete inklusive Umsatzsteuer in Rechnung stellen, müssen Sie ihn darauf hinweisen, dass dieser auch die Umsatzsteuer zahlt. Sollte der Vermieter dem nicht zustimmen, dann müssen Sie die Umsatzsteuer aus der Miete aus eigener Tasche ans Finanzamt abführen. Um **diese Rechnungen anhand zweier Beispiele verständlicher zu machen:**

- In diesem Szenario legen Sie für Ihre Garage eine Miete in Höhe von 120 € fest.
    - Sie rechnen die Umsatzsteuer hinzu:
      $120{,}00\ \text{€} \times 1{,}19 = 142{,}80\ \text{€}.$
    - Die Bruttomiete in Höhe von 142,80 € legen Sie im Mietvertrag fest und informieren den Mieter darüber, dass Sie eine Miete inklusive der Umsatzsteuer festsetzen.
    - Sollte der Mieter zustimmen, dann können Sie die Vermietung so durchführen und führen die $142{,}80\ \text{€} - 120{,}00\ \text{€} = 22{,}80\ \text{€}$ an Umsatzsteuern ans Finanzamt ab.
- Anderes Szenario: Sie legen erneut die Miete in Höhe von 120 € fest.
    - Damit sich die Garage leichter vermieten lässt und sich der Mieter nicht beklagt, dass er die

Umsatzsteuer mitzahlen muss, zahlen Sie die Umsatzsteuer aus eigener Tasche.

- o Im Mietvertrag müssen Sie nur auf die Miethöhe von 120 € hinweisen, die Umsatzsteuer geben Sie in der Anlage V zur Steuererklärung (siehe Kapitel 10) an.
- o Sie teilen Ihre Einnahmen durch 1,19 und erhalten den Nettobetrag. Diesen ziehen Sie von den Mieteinnahmen ab und wissen dann, wie viel Umsatzsteuer Sie in der Anlage V angeben und ans Finanzamt abführen müssen:
  120 € − (120 € ÷ 1,19) = 120 € − 100,84 = 19,16 €.

Der Lohnsteuerhilfeverein Vereinigte Lohnsteuerhilfe e. V. informiert auf seiner Website außerdem darüber, dass Sie, wenn auch nur eine Vermietung umsatzsteuerpflichtig ist, in der Kopfzeile jedes Mietvertrags − auch bei Mietverträgen über Wohnraum − Ihre Steuernummer angeben und die Mietverträge fortlaufend nummerieren müssen (Vereinigte Lohnsteuerhilfe e. V., 2022).

Die rechtlichen Besonderheiten rund um die Umsatzsteuerpflicht mögen Ihnen womöglich einen größeren Aufwand machen, jedoch sollten Sie berücksichtigen, dass Sie im Gegenzug durch die separate Vermietung der Garage bzw. des Stellplatzes von deutlich höheren Mieteinnahmen profitieren. Falls Sie sich von einer Steuerberatung betreuen lassen, werden Sie den zusätzlichen Aufwand ohnehin kaum zu spüren bekommen, da das Steuerbüro die Angabe und Berechnung der Umsatzsteuer in die Steuererklärung übernimmt.

> ### *Hinweis!*
>
> Wenn Sie bis zur Umsatzgrenze von 22.000 € pro Jahr (Stand: 2023) umsatzsteuerpflichtiges Einkommen (nicht jede Einkunftsart ist umsatzsteuerpflichtig) erwirtschaften, müssen Sie ohnehin keine Umsatzsteuer zahlen. Bei Einnahmen von 80 bis 200 € pro Monat durch die Garagenvermietung können Sie also einige Garagen vermieten, bis Sie umsatzsteuerpflichtig werden. Aber Vorsicht: Wenn Sie aus anderer Vermietung oder aus selbstständiger Tätigkeit bereits umsatzsteuerpflichtige Einkünfte erzielen, werden diese mit allen umsatzsteuerpflichtigen Einnahmen und somit auch mit der Stellplatz-/Garagenvermietung verrechnet, sodass Sie unter Umständen die Umsatzgrenze von 22.000 € pro Jahr überschreiten und Umsatzsteuer auf Ihre Mieteinnahmen abführen müssen – dies gilt auch dann, wenn die Mieteinnahmen nur einen kleinen Anteil an der gesamten Umsatzsteuerlast haben.

Zuletzt ist als rechtliche Besonderheit zu beachten, dass bei Mietverträgen für Stellplätze und Garagen keine schriftliche Mietvereinbarung verpflichtend ist. Sie dürfen die Vermietung mit dem Mieter mündlich vereinbaren, jedoch lassen sich die Konditionen einer mündlichen Vereinbarung im Streitfall nur schwerlich bis gar nicht rekonstruieren. Halten Sie deswegen für den Fall der Fälle die **Bedingungen des Vertrags immer schriftlich** fest. Dort vereinbaren Sie zumindest die Miethöhe, die Nutzungsrechte, ggfs. die Erlaubnis oder das Verbot der Untervermietung, die Pflicht des Mieters zum Winterdienst, die Kündigungsfrist und die Übernahme der Betriebskosten durch den Mieter.

Wenn Sie die **Miete erhöhen** wollen, dann ist es bei der Einzelvermietung von Stellplätzen und Garagen üblich, dass Sie als Vermieter den Mietvertrag unter Einhaltung der Kündigungsfrist aufkündigen und dem Mieter anbieten, einen **neuen Vertrag mit höherer Mietzahlung abzuschließen**.

An wen Stellplätze und Garagen vermietet werden können

Die Klientel für Stellplätze und Garagen ist breit gestreut. In allererster Linie herrscht eine **Nachfrage seitens der Kfz-Inhaber**. Wer eines oder mehrere Motorräder hat, kann diese auf einem Stellplatz oder in einer Garage abstellen. Bei Pkws reicht der Platz für ein Fahrzeug. Entweder will der Mieter des Wohnraums einen Stellplatz oder eine Garage für sein Kfz oder er hat kein Interesse daran und Sie können den verfügbaren Platz an eine andere Person vermieten – beides ist möglich und in beiden Fällen erzielen Sie die höchsten Einnahmen, wenn Sie den Stellplatz bzw. die Garage über einen separaten Mietvertrag vermieten.

> *Tipp!*
>
> Wenn Sie den Wohnraum und die Garage an einen Mieter in separaten Verträgen vermieten, könnte es sein, dass dieser sich über den hohen Preis für den Stellplatz bzw. die Garage beschwert und einen einheitlichen Mietvertrag möchte. Argumentieren Sie in diesem Fall aus Ihrer persönlichen Sichtweise und mit den hohen Mieten für Garagen. Erwähnen Sie dabei auch, dass Sie gern mehr Profit machen möchten. Nennen Sie im gleichen Zuge den Vorteil eines separaten Mietvertrags aus Mietersicht: Der Mieter kann den Vertrag leichter kündigen, wenn er anderweitig eine günstigere Abstellmöglichkeit für sein Kfz findet. Wenn Sie dem Mieter dann durch eine Reduktion der Stellplatz- bzw. Garagenmiete um 10 – 15 % entgegenkommen, dürfte die Zustimmung des Mieters zum Vertragsabschluss leicht einzuholen sein.

Es sind nicht nur Kfz-Inhaber, die Interesse an zusätzlichen Flächen zeigen. Bei Stellplätzen zwar nicht, aber bei Garagen ist der Interessentenkreis auf jeden Fall größer: Einige Personen haben sehr viele Sachen oder besondere Gegenstände, sodass sie **Lagerräume** benötigen. Unter Umständen entscheiden sie sich für die Lagerung in einer Garage. Darüber hinaus gibt es einige Branchen, in denen die Unternehmer zu einer **langjährigen Aufbewahrung von Dokumenten** verpflichtet sind. Ein Beispiel für solche Unternehmer sind Fahrschulinhaber. Diese müssen einen Großteil der Dokumente über ein Jahrzehnt lang aufbewahren. Zur Lagerung der Dokumente mieten Fahrschulinhaber vermehrt Garagen an.

Die insgesamt große Klientel hat zur Folge, dass es diverse bereitwillige Mieter gibt. Vor allem eine Garage sollte sich ohne Probleme vermieten lassen. Wenn der Mieter des Wohnraums kein Interesse an der separaten Anmietung der Garage zeigt, dann **schalten Sie auf Portalen wie *EbayKleinanzeigen*, auf dem *Schwarzen Brett* oder auf Immobilienportalen** ein Angebot zur Garagenvermietung und Sie dürften zeitnah Rückmeldungen erhalten.

Aktuelle Situation und hohe Ertragspotenziale

Die aktuelle Situation zeigt **insbesondere in Großstädten und Ballungsräumen eine hohe Nachfrage** nach Stellplätzen und Garagen. Im Jahr 2021 hat der *Allgemeine Deutsche Automobil-Club e. V.* (ADAC) mit Verweis auf Ergebnisse aus einer Erhebung des Online-Portals *Immowelt* die maximalen Mieten für Stellplätze/Garagen in deutschen Städten aus dem Jahr 2020 aufgeführt:

Stadt	Maximale Monatsmiete
Frankfurt am Main	290
München	200
Hamburg	175
Berlin	170
Stuttgart	150
Nürnberg	125
Düsseldorf und Köln	120
Bremen	80
Dortmund und Hannover	75
Dresden	70

Quelle: Ammel, R.: ADAC, *Das kostet die Miete für Garage und Stellplatz in deutschen Städten* (26.05.2021)

Obwohl die Zahlen aus dem Jahr 2020 stammen und somit nicht mehr aktuell sind, werden die Mieten – angesichts der generell gestiegenen Mieten und der Knappheit von bebaubarem Grund in den Großstädten und Ballungsräumen – kaum gesunken, sondern eher gestiegen sein. Wer einen Dauerparkplatz auf einem Stellplatz oder in einer Garage möchte, muss daher tief in die Tasche greifen. Sie als Vermieter können sich die große Nachfrage zunutze machen und dementsprechend hohe Mieten fordern.

Die Tabelle zeigt, dass die Maximalmieten für Garagen tendenziell in den Städten am höchsten liegen, in denen die Mieten für Wohnraum das höchste Niveau haben. **Frankfurt am Main, München, Hamburg, Berlin, Stuttgart, Düsseldorf und Köln** sind in Deutschland demnach nicht nur die sieben „Big Cities", was die Mieten für Wohnraum anbelangt, sondern ebenso, was die Stellplatz- und Garagenmieten betrifft. Geht man für diese Städte von durchschnittlichen Mieten in Höhe von 800 bis 1.200 € für Wohnraum aus, dann ist eine Schlussfolgerung, dass die Stellplatz- und Garagenmieten ungefähr zwischen einem Viertel und einem Achtel der Mieten für Wohnraum liegen. Bei der Festlegung Ihrer Miete für den Stellplatz oder die Garage können Sie sich daher ebenfalls an den Miethöhen für Wohnraum orientieren.

Abschließende Hinweise

Die separate Vermietung von Stellplätzen und Garagen ist nicht nur eine Technik zur Profitmaximierung bei der Vermietung, sondern eine **ausdrückliche Empfehlung an Sie als Vermieter**! In Anbetracht der hohen Einnahmepotenziale bei der Vermietung von Stellplätzen und Garagen wäre es nicht nachvollziehbar, diese im Rahmen eines Mietvertrags zusammen mit dem Wohnraum an den Mieter zu vermieten und dadurch gewissermaßen „wegzuschenken".

Einer der Kritikpunkte, nämlich der erhöhte Aufwand durch die Umsatzsteuerpflicht, entfällt bei den meisten Vermietern. Wenn ansonsten keine umsatzsteuerpflichtigen Einnahmen aus anderen selbstständigen Tätigkeiten oder anderer Vermietung vorliegen, greift auch bei mehreren Dutzend vermieteten Garagen durch die jährliche Umsatzsteuergrenze von 22.000 € keine Umsatzsteuerpflicht, weil die besagte Grenze nicht erreicht wird. Falls Sie wiederum durch andere unternehmerische Tätigkeiten oder durch die Vermietung vieler Gewerbeflächen umsatzsteuerpflichtig sind, werden Ihnen die **vergleichsweise kleinen umsatzsteuerrechtlichen Verpflichtungen aus der Vermietung von Stellplätzen und Garagen** keinen signifikanten Zusatzaufwand bereiten.

Vermieten Sie daher Stellplätze und Garagen in jedem Fall separat. Setzen Sie dabei **Mietverträge** mit den in diesem Kapitel genannten Inhalten (u. a. Kündigungsfrist, Miethöhe, Übernahme der Betriebskosten durch den Mieter) auf und nutzen Sie die Spielräume zur Festsetzung der Miethöhe aus, um Ihre Ertragspotenziale aus der Vermietung voll auszuschöpfen.

8 | Ausgangsmiete richtig festsetzen und erhöhen

Die Ausgangsmiete ist jene Miete, die Sie zu Beginn der Vermietung festlegen. Praktisch ist, dass unabhängig von der Art des Mietvertrags – ob Indexmietvertrag, Staffelmietvertrag oder gewöhnlicher Mietvertrag – immer dieselben gesetzlichen Vorschriften zur Festlegung der Ausgangsmiete gelten.

Dieses Kapitel weist Sie darin ein, wie Sie die gesetzlichen Vorschriften zur Festlegung der Ausgangsmiete einhalten. Zu Beginn dieses Kapitels werden jedoch keine gesetzlichen Vorschriften thematisiert. Stattdessen bekommen Sie ganz im Sinne der Profitmaximierung einige Techniken vorgestellt, mit deren Hilfe Sie die ideale Miethöhe ermitteln. Erst danach erfahren Sie im Verlauf des Kapitels, wie die gesetzlichen Bestimmungen lauten und ob Sie diese einhalten.

1. Schritt: Durch Mieteinnahmen die Kosten decken

Das Ziel bei der Vermietung ist, dass Sie durch die Mieteinnahmen die laufenden Kosten decken. Wenn Sie die Immobilie nicht per Kredit finanziert, sondern komplett mit Ihrem Eigenkapital erworben haben, ist jede Miethöhe kostendeckend, weil Sie keinen Kredit abbezahlen müssen. Bei Immobilienfinanzierungen gestaltet es sich aufgrund der Zinszahlungen und Tilgungsraten an den Kreditgeber als komplizierter, die laufenden Kosten durch die Mieteinnahmen zu decken.

Die **Berechnung der kostendeckenden Nettokaltmiete** ist für Sie aufschlussreich, um den **Profit aus Ihrer Vermietung zu überprüfen**. Es bietet sich bei Immobilienfinanzierungen an, die kostendeckende Nettokaltmiete zu berechnen, um die Vermietung möglichst profitabel zu machen. Auch wenn Sie Ihre Immobilie nicht finanziert, sondern mit Eigenkapital gekauft haben, ist die kostendeckende Nettokaltmiete eine hilfreiche Kennzahl. Setzen Sie sich daher auch als erfahrener Vermieter mit dem für Sie womöglich neuen Verfahren in den folgenden Abschnitten auseinander.

Kostendeckende Nettokaltmiete bestimmen

Zur Bestimmung der kostendeckenden Nettokaltmiete **fassen Sie sämtliche Kosten zusammen, die Sie für die Immobilie zu tragen haben.** Hierzu gehören das beim Kauf investierte Eigenkapital, ggfs. die laufenden Bankkosten zur Zinszahlung und Tilgung des Kredits und außerdem die Kosten für die Instandhaltung und Verwaltung der Immobilie. Sie errechnen zur Bestimmung der kostendeckenden Nettokaltmiete den kompletten Jahresbetrag, der Ihnen durch diese Aufwendungen entsteht.

Wichtig ist bei der Bestimmung der Kosten, dass Sie eine **Eigenkapitalverzinsung einkalkulieren.** Hätten Sie das Eigenkapital nämlich nicht in die Immobilie investiert, dann hätten Sie es woanders eingesetzt und womöglich damit eine Rendite erzielt. Diese Rendite entgeht Ihnen aufgrund der Bindung des Kapitals in der Immobilie und wird daher zu den Kosten hinzugerechnet. Sie können beispielsweise eine Eigenkapitalverzinsung von 5 % annehmen.

Für ein **Rechenbeispiel** werden an dieser Stelle **folgende Annahmen** aufgestellt:

- Die Immobilie, die Sie gekauft haben, hat 180.000 € gekostet.
- Das eingesetzte Eigenkapital beläuft sich auf 60.000 €, der Rest des Kapitals wurde durch eine Finanzierung beigesteuert. Die 60.000 € Eigenkapital verzinsen Sie mit 5 %.
- Den Kreditbetrag in Höhe von 120.000 € tilgen Sie jährlich mit Raten von 3 %. Währenddessen liegen die jährlichen Zinsen, die Sie zusätzlich an die Bank zahlen, bei 3,8 %.
- Die Verwaltungskosten betragen ungefähr 260 € pro Jahr.
- Für die Instandhaltung wenden Sie ungefähr 1.500 € jährlich auf.

Hinweis!

In diesem Beispiel nicht der Fall, aber durchaus möglich: Sie müssen vor der ersten Vermietung die Immobilie renovieren, sanieren oder modernisieren. Die hierfür anfallenden Kosten beziehen Sie ebenfalls in die Rechnung ein. Falls Sie die Kosten selbst tragen, rechnen Sie die Kosten dem Eigenkapital hinzu und verzinsen diese. Wenn Sie zur Finanzierung der Maßnahmen an der Immobilie Fremdkapital aufnehmen, handelt es sich um einen Kredit und Sie rechnen die Kosten den Zinszahlungen und der Tilgung des Darlehens hinzu.

Aus dem angeführten Rechenbeispiel leiten sich die folgenden konkreten jährlichen Kosten ab:

- Eingesetztes Eigenkapital: $60.000 € \times 0,05 = 3.000 €$
- Zinsen und Tilgung: $120.000 € \times (0,03 + 0,038) = 12.920 €$
- Verwaltungskosten: 260 €

- Instandhaltungskosten: 1.500 €
- Gesamt: 3.000 € + 12.920 € + 260 € + 1.500 € = 17.680 €

Die kostendeckende Nettokaltmiete pro Jahr beläuft sich somit auf 17.680 €. Um dies auf den Monat zu rechnen, teilen Sie den Betrag durch 12. So erhalten Sie als **kostendeckende monatliche Nettokaltmiete den Betrag von ca. 1.473,33 €.** Eine recht stattliche Miete! Wenn überhaupt, dann erhalten Sie diese monatliche Miete nur in zentral gelegenen Wohnungen und Häusern in Großstädten. Doch dort gibt es mit Sicherheit keine Immobilie in gutem Zustand, die Sie bei der Anschaffung nur 60.000 € Eigenkapital und 120.000 € Darlehensbetrag kostet.

Was bedeutet eine derart hohe kostendeckende Nettokaltmiete für Ihre Mieteinnahmen, die wahrscheinlich (mehr dazu im weiteren Verlauf des Kapitels) geringer sind, als es die kostendeckende Nettokaltmiete vorsieht? Ist die Vermietung etwa unprofitabel? Nein. **Grundsätzlich ist es bei finanzierten Immobilien immer so, dass in den ersten Jahren keine kostendeckende Nettokaltmiete erzielt werden kann.** Der Grund hierfür sind die Zinszahlungen. Die Zinszahlungen sind seit 2022 sogar deutlich angestiegen, was auf die hohe Inflationsrate zurückzuführen ist. Lagen die üblichen Zinsen für Immobilienfinanzierungen vor 2022 bei circa 2,5 %, so sind es nun circa 3,7 %.

Bei finanzierten Immobilien ist es kein schlimmes Zeichen, wenn Sie durch die Bankkosten und Tilgungsraten zunächst eine sehr hohe kostendeckende Nettokaltmiete errechnen. Diese werden Sie mit Ihren Mieteinnahmen wohl kaum erreichen können, doch trotzdem wird Ihnen die kostendeckende Nettokaltmiete eine Hilfe dabei sein, die anfängliche Miete festzusetzen. Die kostendeckende Nettokaltmiete wird Sie bei finanzierten Immobilien wahrscheinlich sogar dazu motivieren, **bei der Festsetzung der Miete bis an die obere**

Grenze zu gehen und den Profit auf diese Weise wirksam zu maximieren.

> ### *Hinweis!*
>
> Auf lange Sicht machen Sie auch bei finanzierten Immobilien Profit. Der Immobilienwert steigt im Laufe der Jahre und ebenso steigen die Mieten. Sobald Sie Ihren Kredit abbezahlt haben, werden Sie eine geringere kostendeckende Nettokaltmiete benötigen und durch die gestiegenen Mieten einen hohen Profit generieren.

Um den Sachverhalt aus der Hinweis-Box zu veranschaulichen und zu demonstrieren, wie sich die kostendeckende Nettokaltmiete bei nicht finanzierten Immobilien verhält, sei nun davon ausgegangen, dass Sie die Immobilie aus dem Rechenbeispiel für 180.000 € selbst gekauft haben. In diesem Fall entfallen die Kosten für Zinsen und Tilgung, wodurch Sie 180.000 € Eigenkapital mit 5 % verzinsen. Folglich beläuft sich die kostendeckende Nettokaltmiete nur noch auf ungefähr 10.760 € pro Jahr und 896,67 € pro Monat.

Steuervorteile in die kostendeckende Nettokaltmiete einkalkulieren

Möchten Sie Ihren Mietern entgegenkommen? Eine Möglichkeit, dies zu tun, ist die Einberechnung Ihrer Steuervorteile in die kostendeckende Nettokaltmiete. Wichtig: Um den nachfolgenden Inhalt zu verstehen, sollten Sie sich mit der Abschreibung für Abnutzung (AfA) bei Gebäuden auskennen oder den Abschnitt „Werbungskosten" im letzten Kapitel lesen.

Fakt ist, dass die **Anschaffungskosten, Anschaffungsnebenkosten und ggfs. weitere Kosten abgeschrieben und steuerlich geltend gemacht** werden können. Die Abschreibung erfolgt über einen Zeitraum zwischen 33 1/3 Jahren und 50 Jahren. Die Abschreibungssätze betragen 3 % pro Jahr, 2,5 % pro Jahr oder 2 % pro Jahr. Welcher Satz bei Ihrer Immobilie Anwendung findet – das können Sie aus den Inhalten im letzten Kapitel ableiten. Das folgende Rechenbeispiel zeigt Ihnen, wie Sie die **Steuervorteile in Form geringerer Kosten bei der kostendeckenden Nettokaltmiete berücksichtigen:**

- Es sei angenommen, dass bei insgesamt 180.000 € Kosten aus Eigenkapital und Kreditfinanzierung 140.000 € auf das Gebäude entfallen (bei der AfA wird immer nur mit dem Gebäudewert, nicht jedoch mit dem Grundstückswert gerechnet).
- Bei 140.000 € Gebäudekosten und einem angenommenen AfA-Satz von 2,5 % ergibt sich ein jährlicher Betrag in Höhe von , den Sie von $140.000\ € \times \frac{0{,}025}{Jahr} = 3.500\ \frac{€}{Jahr}$ der Steuer absetzen können.
- Subtrahieren Sie diesen Betrag von den jährlichen Kosten der Immobilie, wenn Sie die kostendeckende Nettokaltmiete berechnen.

Um die Zahlen aus den vorigen Beispielen aufzugreifen: Bei einer finanzierten Immobilie würde die jährliche kostendeckende Nettokaltmiete unter Einbezug der Steuervorteile nicht mehr 17.680 €, sondern 17.680 € − 3.500 € = 14.180 € pro Jahr betragen, was auf den Monat gerechnet einer kostendeckenden Nettokaltmiete von knapp 1.181,67 € entspräche. Bei der nicht finanzierten Immobilie aus dem vorigen Beispiel lägen die Kosten anstelle von jährlich 10.760 € bei 7.260 € und anstelle von monatlich 896,67 € bei 605,00 €.

Da Sie diesen Ratgeber aber wahrscheinlich lesen, um bei der Vermietung Ihren **Profit zu maximieren**, ist empfohlen, dass Sie Ihre **Steuervorteile zunächst nicht in die kostendeckende Nettokaltmiete einkalkulieren.** Prüfen Sie als Erstes, ob Sie die kostendeckende Nettokaltmiete ohne Steuervorteile als Anfangsmiete festlegen können. Um genau diese Festlegung der Anfangsmiete soll es in den nächsten Abschnitten gehen.

2. Schritt: Mietspiegel recherchieren und mit kostendeckender Nettokaltmiete vergleichen

Sie nehmen nun den Mietspiegel zur Hand und prüfen dort die Quadratmetermieten für Wohnungen, deren Wohnflächen mit der Wohnfläche Ihrer zur Vermietung stehenden Immobilie vergleichbar sind. Es ist nicht gestattet, bei einer Wohnung mit 120 m^2 Wohnfläche den Mietspiegel für eine Wohnung mit 60 m^2 Wohnfläche heranzuziehen und so den Mietpreis pro m^2 zu begründen, denn die Mieten pro m^2 sind bei kleineren Wohnungen immer höher als bei größeren. Nutzen Sie also den **Mietspiegel für Immobilien einer vergleichbaren Größe, die im selben Stadtteil liegen.**

Wo Sie den Mietspiegel finden? Sie geben in die Suchleiste bei Google den Namen Ihrer Stadt und dahinter das Stichwort „Mietspiegel" ein und starten die Suche. Anschließend dürfte oben in der Suchergebnisliste die offizielle Website der Stadt auftauchen. Dass es sich um eine offizielle Website handelt, erkennen Sie daran, dass in der URL der Name der Stadt und die Endung „.de" stehen. Bei Klick auf die Suchergebnisse landen Sie auf einer Unterseite der Website, auf der Sie alle wichtigen Informationen und auch die Telefonnummer für eine persönliche Beratung bezüglich der Mietspiegel erhalten.

Bei der Nutzung des Mietspiegels ist zu beachten, dass **Mietspiegel, die als „qualifiziert" oder „empirisch erstellt" bezeichnet werden, rechtlich verbindlich und definitiv zu befolgen sind**. Nicht für jede Stadt sind derartige Mietspiegel vorhanden. Wenn Sie keinen empirisch erstellten Mietspiegel zur Anwendung auf Ihre Immobilie finden, nutzen Sie stattdessen den geschätzten Mietspiegel, den Sie von Kommunen mit Mieter- und Hausbesitzervereinen erhalten.

Der Rest ist einfach: Sie multiplizieren die ortsübliche Vergleichsmiete in Höhe von z. B. 9 € pro m^2 mit der Größe Ihrer Wohnfläche von z. B. 72 m^2. So ermitteln Sie die ortsübliche Vergleichsmiete für Ihre gesamte Wohnung, was bei den genannten Zahlen wären. Nun nehmen Sie die kostendeckende Nettokaltmiete zur Hand und prüfen, wie sich diese im Vergleich zur errechneten ortsüblichen Vergleichsmiete verhält.

- Kostendeckende Nettokaltmiete < errechnete ortsübliche Vergleichsmiete? Dann orientieren Sie sich an der ortsüblichen Vergleichsmiete und setzen Sie die **Anfangsmiete höher an als die kostendeckende Nettokaltmiete!**
- Kostendeckende Nettokaltmiete = errechnete ortsübliche Vergleichsmiete? Auch hier dürfen Sie die Miete erhöhen, denn es ist **gestattet, mehr als die ortsübliche Vergleichsmiete zu fordern.** Mehr dazu erfahren Sie im nächsten Abschnitt.
- Kostendeckende Nettokaltmiete > errechnete ortsübliche Vergleichsmiete? Hier haben Sie das Problem, dass die Mieteinnahmen die Kosten nicht decken werden. Also müssen Sie versuchen, die **Anfangsmiete so weit wie möglich oberhalb der ortsüblichen Vergleichsmiete** anzusetzen.

3. Schritt: Möglichst hohe Anfangsmiete festsetzen

Die letztgenannten beiden Stichpunkte aus der Aufzählung von eben haben zwei Fälle gezeigt, in denen es sinnvoll ist, zur Optimierung Ihres Profits aus der Vermietung die Miete höher als die ortsübliche Vergleichsmiete anzusetzen. Allerdings ist eine höhere Miete als die ortsübliche Vergleichsmiete nur begrenzt umsetzbar. Hierzu sind in § 556d BGB die Bestimmungen der Mietpreisbremse aufgeführt:

„Wird ein Mietvertrag über Wohnraum abgeschlossen, der in einem durch Rechtsverordnung nach Absatz 2 bestimmten Gebiet mit einem angespannten Wohnungsmarkt liegt, so darf die Miete zu Beginn des Mietverhältnisses die ortsübliche Vergleichsmiete [...] höchstens um 10 Prozent übersteigen." (Bundesamt für Justiz, 2023)

Unter einem „durch Rechtsordnung nach Absatz 2 bestimmten Gebiet mit einem angespannten Wohnungsmarkt" sind Wohnungsmärkte zu verstehen, wie sie in den Zentren von Großstädten vorliegen. Dort greift die Mietpreisbremse, was bedeutet, dass Sie die Anfangsmiete maximal 10 % oberhalb der ortsüblichen Vergleichsmiete festsetzen können. Hier gilt die Mietpreisbremse als Grenze der Profitmaximierung.

Wozu aber dieses Kapitel mit den Erklärungen zur kostendeckenden Nettokaltmiete und den Beispielrechnungen, wo man doch direkt die ortsübliche Vergleichsmiete auf die eigene Miete anwenden und um 10 % erhöhen könnte? Der Grund: Weil es in Deutschland **zahlreiche Städte und Stadtteile gibt, in denen <u>keine</u> Mietpreisbremse gilt.**

Keine Mietpreisbremse zu haben, bedeutet, dass Sie die **ortsübliche Vergleichsmiete um mehr als 10 % über-**

schreiten dürfen, wenn Sie die Anfangsmiete festlegen. Um je mehr Prozent Sie die Miete oberhalb der ortsüblichen Vergleichsmiete ansetzen, desto größer ist das Risiko eines Wuchergeschäfts. **An dieser Stelle kommt die kostendeckende Nettokaltmiete mit folgenden zwei Handlungsempfehlungen ins Spiel:**

- Sie schauen, um wie viel Prozent die kostendeckende Nettokaltmiete oberhalb der ortsüblichen Vergleichsmiete liegt. Sind es weniger als 30 %, so können Sie die Anfangsmiete derart hoch festsetzen. Wenn sich jemand beschwert oder gar Rechtsstreitigkeiten drohen, können Sie die Miethöhe anhand der Orientierung an der kostendeckenden Nettokaltmiete gut begründen.
- Sollte die kostendeckende Nettokaltmiete mehr als 30 % oberhalb der ortsüblichen Vergleichsmiete liegen, dann nehmen Sie stattdessen die kostendeckende Nettokaltmiete inklusive der einkalkulierten Steuervorteile zur Hand und vergleichen diese mit der ortsüblichen Vergleichsmiete. Wenn die kostendeckende Nettokaltmiete mit Steuervorteilen weniger als 30 % über der ortsüblichen Vergleichsmiete liegt, setzen Sie die Anfangsmiete entsprechend der kostendeckenden Nettokaltmiete an und können am Ende sogar argumentieren, dass Sie zur Bestimmung der Anfangsmiete neben dem Mietspiegel eine kostendeckende Nettokaltmiete verwendet haben, bei der Steuervorteile zugunsten des Mieters einkalkuliert sind!

Abschließende Hinweise und Bewertung der kostendeckenden Nettokaltmiete

Wie Sie merken durften, ist die kostendeckende Nettokaltmiete – ob mit oder ohne die einberechneten Steuervorteile – ein Schlüssel zur Profitmaximierung bei der Festsetzung der Anfangsmiete. Dabei gibt Ihnen die kostendeckende Nettokaltmiete einen hilfreichen Orientierungsmaßstab bei der **Festsetzung von Mieten oberhalb der ortsüblichen Vergleichsmiete** in Wohnungsmärkten, in denen keine Mietpreisbremse als klare Obergrenze für Miethöhen gilt.

Durch die Anwendung der kostendeckenden Nettokaltmiete gelingt Ihnen die **Festlegung einer möglichst hohen Anfangsmiete, wobei Sie der Gefahr eines Wuchergeschäfts aus dem Weg gehen.** Des Weiteren ist die kostendeckende Nettokaltmiete eine gute Argumentationsgrundlage im Falle von Streitigkeiten mit Mietern und Behörden.

9 | Kosten auf Mieter umlegen

Sie dürfen einen Großteil der Betriebskosten auf Mieter umlegen. Die Betriebskosten, die nicht umlagefähig sind, können Sie von der Steuer absetzen (siehe nächstes Kapitel) und dadurch Ihre Steuerlast mindern. Sowohl die Kostenumlage als auch die steuerliche Absetzung der Betriebskosten tragen zu einem höheren Profit bei der Vermietung bei.

Aus Sicht des Mieters ist eine Kostenumlage mit dem Nachteil einer höheren Mietzahlung verbunden. In Anbetracht der Tatsache, dass die Mietpreisbremse für die Nettokaltmiete gilt und die Betriebskosten erst nach der Festlegung der Nettokaltmiete aufgeschlagen werden, ist durch die Umlage der Betriebskosten eine Miete deutlich oberhalb der Mietpreisbremse möglich.

Während die Umlage von Kosten wie z. B. Strom- und Wasserkosten für Mieter nachvollziehbar ist, gestaltet es sich bei der Umlage der Grundsteuer hingegen anders. Dennoch wehren sich erfahrungsgemäß kaum Mieter gegen die Kostenumlage, sondern akzeptieren diese. Somit haben Sie als Vermieter freie Bahn, um die Betriebskosten umzulegen und so Ihren Profit zu maximieren.

Ein Blick auf den Tatsachenbestand zeigt allerdings, dass eine Betriebskostenumlage nicht in allen Fällen sinnvoll ist. Lernen Sie in diesem Kapitel das Thema der Kostenumlage von einer Seite kennen, die den meisten Vermietern nicht geläufig ist, und steigern Sie dadurch Ihren Profit aus der Vermietung!

Nicht bei allen Betriebskosten lohnt sich eine Umlage auf den Mieter

Die Umlage von Betriebskosten auf Mieter ist im Allgemeinen ein wichtiges Instrument zur Profitmaximierung bei der Vermietung. Dennoch sollte bei einigen Posten hinterfragt werden, ob deren Umlage sinnvoll ist oder nicht. Beispielsweise können Sie sich bei einem Strom-, Wasser- und Gasanbieter (im weiteren Verlauf unter dem Begriff „Energielieferant" zusammengefasst) anmelden und der Mieter bezieht von diesem Anbieter die besagten Ressourcen. Im Mietvertrag halten Sie fest, dass die Kosten für Strom, Wasser und Gas vom Mieter zu tragen sind. Es ist selbstverständlich, diese Kosten auf den Mieter umzulegen, denn andernfalls würden Sie dem Mieter Strom, Wasser und Gas schenken. Allerdings **maximieren Sie durch diese Kostenumlagen <u>nicht</u> Ihren Profit**. Wieso nicht?

- Sie schließen die Verträge mit den Energielieferanten ab und kümmern sich um sämtliche bürokratischen Aspekte. Unter anderem müssen Sie dem Mieter jährlich die Nebenkostenabrechnungen zukommen lassen.
- Darüber hinaus zahlen Sie monatlich die Beträge an die Energielieferanten, was Ihnen einen zusätzlichen administrativen Aufwand bereitet.
- Außerdem tragen Sie ein Risiko: Stellen Sie sich vor, dass der Mieter in einem Jahr derart viel Strom, Wasser und/oder Gas verbraucht, dass er nach der nächsten Zählerkontrolle nachzahlen muss, aber das Geld nicht hat. In diesem Fall müssen Sie erst mal das Geld an den Energielieferanten überweisen und dann darauf hoffen, dass Sie sich mit dem Mieter auf eine Nachzahlung einigen können.

Was motiviert Vermieter dazu, sich diesen Aufwand aufzubürden? Am Ende fließen die Betriebskosten, die auf den Mieter umgelegt werden, zudem als Teil von Mieteinnahmen in die Steuererklärung ein. Zwar setzen Sie die Kosten steuerlich ab, da Sie das vereinnahmte Geld an die Energielieferanten überweisen, aber diesen **steuerlichen Vorteil geltend zu machen, bereitet unnötigen Aufwand in der Steuererklärung.**

Sie kennen jetzt den Aufwand, der auf Sie zukommt, wenn Sie einen Vertrag mit Energielieferanten abschließen und die Betriebskosten auf den Mieter umlegen. Nun stellen Sie sich die Frage: *Wer bezahlt mich für die Arbeitszeit, die ich in die Erstellung der Nebenkostenabrechnungen und in weitere administrative sowie steuerliche Pflichten investiere?* Niemand. So haben Sie am Ende durch die Umlage von Strom-, Wasser- und Gaskosten womöglich Ihre Mieteinnahmen gesteigert, doch das Geld müssen Sie ohnehin wieder an die Energielieferanten überweisen und obendrein entsteht Ihnen ein zusätzlicher Arbeitsaufwand von mehreren Stunden pro Jahr, den Sie nicht vergütet bekommen. Das ist alles andere als eine Profitmaximierung!

Bei gewissen Betriebskosten ist daher **nicht die Kostenumlage der Schlüssel zur Profitmaximierung, sondern die Delegation an den Mieter.** Indem Sie keine Verträge mit Energielieferanten abschließen und dies stattdessen den Mietern selbst überlassen, senken Sie Ihren Aufwand beträchtlich und gewinnen mehr Zeit für Ihr Privatleben oder die Pflichten Ihres Berufsalltags. Außerdem ersparen Sie sich das Risiko, dass sich Mieter darüber beklagen, dass z. B. die Stromkosten zu stark gestiegen sind. Wenn die Stromkosten steigen und der Mieter seinen eigenen Vertrag mit einem Stromanbieter abschließt, betrifft Sie dies nicht und der Mieter wendet sich direkt an den Stromanbieter.

Des Weiteren hat der Mieter bei einem eigenständigen Vertragsabschluss mit einem Energie- oder Wasserlieferanten den Vorteil, dass er die Preise vergleichen und den Anbieter wechseln kann, um zu sparen – ein Vorteil, der nicht entsteht, wenn der Vermieter einen Vertrag mit dem Energielieferanten hat, weil sich der Vermieter höchstwahrscheinlich den Aufwand erspart, regelmäßig Preisvergleiche durchzuführen. **Mieter profitieren bei eigenen Verträgen mit Energielieferanten von einer höheren Flexibilität,** während Sie als Vermieter einen weitaus geringeren Arbeitsaufwand haben und das Risiko für Konflikte mit den Energielieferanten und dem Mieter sinkt.

Neben den Kosten für Wasser, Strom und Heizen gibt es weitere Kosten, die umlagefähig sind, aber bei denen Sie einen geringeren Aufwand haben, wenn Sie die **Verantwortung für diese Bereiche nach Möglichkeit in die Hände der Mieter geben.** Hierzu gehört beispielsweise die Gartenpflege: Vereinbaren Sie im Vertrag, dass der Mieter den Garten zu pflegen hat und definieren Sie ggfs. konkrete Vorgaben zur Gartenpflege, damit diese Ihren Mindestansprüchen genügt. So ersparen Sie es sich, einen Gartenfachbetrieb zu beauftragen, sich eventuell sogar aufgrund von Unstimmigkeiten mit den Gärtnern unnötig zu belasten und den administrativen Aufwand rund um die Zusammenarbeit mit dem Gartenfachbetrieb zu erledigen. Abgesehen von der Gartenpflege können Sie auch die **Pflicht zum Winterdienst und zur Gebäudereinigung an den Mieter delegieren.** Zumindest die Reinigung des Treppenhauses ist den Mietern absolut zumutbar.

All diese Empfehlungen zur Umlage von Pflichten auf den Mieter haben auch Vorteile für den Mieter selbst. Während der Mieter durch die eigenständige Auswahl des Energieversorgers Geld sparen kann, entstehen ihm bei der Gartenarbeit, Gebäudereinigung und beim Winterdienst sogar überhaupt keine Kosten, da er diese Arbeiten selbst durchführt. Anstatt Geld für einen Gartenfachbetrieb ausgeben zu müssen, gärtnert der Mieter hin und wieder selbst und muss nicht die von Ihnen umgelegten Betriebskosten für die Gartenpflege tragen. Letztlich sparen sowohl Sie als Vermieter als auch die Mieter, wenn Sie die Verantwortung an die Mieter delegieren, statt Verträge mit Energieversorgern und weiteren Dienstleistern abzuschließen. Zudem **haben Sie weniger Aufwand und können Ihre Zeit in andere Dinge investieren – auch das ist eine Art der Profitmaximierung.**

Wann die Kostenumlage sinnvoll ist: Welche Betriebskosten sind umlagefähig?

Abweichend von dem im vorigen Abschnitt ausführlich erläuterten Sachverhalt, bei dem es besser ist, möglichst viel Arbeit und Verantwortung an den Mieter zu delegieren, gibt es Fälle, in denen Sie die Betriebskosten als Immobilieneigentümer definitiv selbst tragen müssen. Dies trifft beispielsweise auf die Grundsteuer zu. Sie müssen jährlich die Grundsteuererklärung einreichen und daraufhin Grundsteuern zahlen – anders als bei der Stromversorgung können Sie diese Pflicht nicht an den Mieter delegieren. **Bei Betriebskosten wie der Grundsteuer ist die Kostenumlage absolut sinnvoll.**

Sie erhalten nun eine tabellarische Übersicht über die auf den Mieter umlagefähigen Betriebskosten, mit einigen Informationen zu diesen Kosten. Zudem ist in der dritten Spalte der Tabelle die Empfehlung aufgeführt, ob Sie den jeweiligen Bereich an den Mieter abtreten sollten oder nicht, um möglichst wenig administrativen Aufwand zu haben. Die Zitate, die in der Tabelle in Anführungsstrichen aufgeführt sind, stammen aus dem zweiten Paragrafen der Betriebskostenverordnung (BetrKV).

Art der Betriebskosten	Informationen zu Betriebskosten	Empfehlung
Grundsteuer (§ 2 Nr. 1 BetrKV)	eine der „laufenden öffentlichen Lasten des Grundstücks", die voll umlagefähig ist	auf den Mieter umlegen
Kosten der Wasserversorgung (§ 2 Nr. 2 BetrKV)	„Kosten des Wasserverbrauchs, die Grundgebühren, die Kosten der Anmietung oder anderer Arten der Gebrauchsüberlassung von Wasserzählern sowie die Kosten ihrer Verwendung, einschließlich der Kosten der Eichung sowie der Kosten der Berechnung und Aufteilung, die Kosten der Wartung von Wassermengenreglern, die Kosten des Betriebs einer hauseigenen Wasserversorgungsanlage und einer Wasseraufbereitungsanlage, einschließlich der Aufbereitungsstoffe"	• keine Umlage: der Mieter soll sich selbst einen Anbieter zur Wasserversorgung suchen • Ausnahme: die Kosten für alle in der zweiten Spalte genannten Aspekte, um die Sie sich selbst kümmern müssen (z. B. „Kosten des Betriebs einer hauseigenen Wasserversorgungsanlage und einer Wasseraufbereitungsanlage einschließlich der Aufbereitungsstoffe"), lagern Sie auf den Mieter um
Kosten der Entwässerung (§ 2 Nr. 3 BetrKV)	„Gebühren für die Haus- und Grundstücksentwässerung, die Kosten des Betriebs einer entsprechenden nicht öffentlichen Anlage und die Kosten des Betriebs einer Entwässerungspumpe"	auf den Mieter umlegen

Kosten des Betriebs des Personen- oder Lastenaufzugs (§ 2 Nr. 7 BetrKV)	„Kosten des Betriebsstroms, die Kosten der Beaufsichtigung, der Bedienung, Überwachung und Pflege der Anlage, der regelmäßigen Prüfung ihrer Betriebsbereitschaft und Betriebssicherheit, einschließlich der Einstellung durch eine Fachkraft sowie die Kosten der Reinigung der Anlage"	auf den Mieter umlegen (**Hinweis**: Eine Umlage ist auch dann möglich, wenn der Mieter im ersten Stock wohnt und den Aufzug eigentlich nicht nutzen müsste.)
Kosten der Straßenreinigung (§ 2 Nr. 8 BetrKV)	„für die öffentliche Straßenreinigung zu entrichtende[n] Gebühren und die Kosten entsprechender nicht öffentlicher Maßnahmen"	auf den Mieter umlegen
Kosten der Müllbeseitigung (§ 2 Nr. 8 BetrKV)	„die für die Müllabfuhr zu entrichtenden Gebühren, die Kosten entsprechender nicht öffentlicher Maßnahmen, die Kosten des Betriebs von Müllkompressoren, Müllschluckern, Müllabsauganlagen sowie des Betriebs von Müllmengenerfassungsanlagen, einschließlich der Kosten der Berechnung und Aufteilung"	auf den Mieter umlegen

Kosten der Gebäudereinigung und Ungezieferbekämpfung (§ 2 Nr. 9 BetrKV)	„Kosten für die Säuberung der von den Bewohnern gemeinsam genutzten Gebäudeteile, wie Zugänge, Flure, Treppen, Keller, Bodenräume, Waschküchen, Fahrkorb des Aufzugs"	• bei Gebäudereinigung keine Umlage: der Mieter soll selbst das Gebäude reinigen oder selbst eine Gebäudereinigung beauftragen • bei Ungezieferbekämpfung zur Sicherheit einen Experten beauftragen und Kosten auf den Mieter umlegen
Kosten der Gartenpflege (§ 2 Nr. 10 BetrKV)	„Kosten der Pflege gärtnerisch angelegter Flächen, einschließlich der Erneuerung von Pflanzen und Gehölzen, der Pflege von Spielplätzen, einschließlich der Erneuerung von Sand und der Pflege von Plätzen, Zugängen und Zufahrten, die dem nicht öffentlichen Verkehr dienen"	• keine Umlage: der Mieter soll die Gartenarbeit selbst durchführen oder einen Gartenfachbetrieb damit beauftragen • Ausnahme: bei kunstvoll angelegten Gärten oder bei speziellen Teilen des Gartens einen Gärtner beauftragen und Kosten auf den Mieter umlegen
Kosten der Beleuchtung (§ 2 Nr. 11 BetrKV)	„Kosten des Stroms für die Außenbeleuchtung und die Beleuchtung der von den Bewohnern gemeinsam genutzten Gebäudeteile, wie Zugänge, Flure, Treppen, Keller, Bodenräume, Waschküchen"	auf den Mieter umlegen (**Achtung**: Hierbei handelt es sich nur um die Stromkosten für Gemeinschaftsflächen.)

Kosten der Schornsteinreinigung (§ 2 Nr. 12 BetrKV)	„Kehrgebühren nach der maßgebenden Gebührenordnung, soweit sie nicht bereits als Kosten nach Nummer 4 Buchstabe a [mehr dazu unterhalb der Tabelle] berücksichtigt sind"	auf den Mieter umlegen
Kosten der Sach- und Haftpflichtversicherung (§ 2 Nr. 13 BetrKV)	„Kosten der Versicherung des Gebäudes gegen Feuer-, Sturm-, Wassersowie sonstige Elementarschäden, der Glasversicherung, der Haftpflichtversicherung für das Gebäude, den Öltank und den Aufzug"	auf den Mieter umlegen (**Hinweis:** Schließen Sie alle Versicherungen, die im Fall Ihrer Immobilie auch nur ansatzweise sinnvoll erscheinen, definitiv ab!)
Kosten für den Hauswart (§ 2 Nr. 14 BetrKV)	„Vergütung, die Sozialbeiträge und alle geldwerten Leistungen, die der Eigentümer oder Erbbauberechtigte dem Hauswart für seine Arbeit gewährt, soweit diese nicht die Instandhaltung, Instandsetzung, Erneuerung, Schönheitsreparaturen oder die Hausverwaltung betrifft; soweit Arbeiten vom Hauswart ausgeführt werden, dürfen Kosten für Arbeitsleistungen nach den Nummern 2 bis 10 und 16 nicht angesetzt werden"	auf den Mieter umlegen

Kosten des Betriebs der Einrichtungen für die Wäschepflege (§ 2 Nr. 16 BetrKV)	„Kosten des Betriebsstroms, die Kosten der Überwachung, Pflege und Reinigung der Einrichtungen, der regelmäßigen Prüfung ihrer Betriebsbereitschaft und Betriebssicherheit sowie die Kosten der Wasserversorgung entsprechend Nummer 2, soweit sie nicht dort bereits berücksichtigt sind"	• der Mieter soll sich selbst um das Waschen seiner Wäsche kümmern • sollte der Mieter keinen Anschluss für eine Waschmaschine haben, dann Wäscheraum einrichten und Kosten auf den Mieter umlegen

Quelle: § 2 Aufstellung der Betriebskosten (Bundesministerium der Justiz, 2023)

- Übersprungen wurden in der Auflistung der Betriebskosten-Arten die **Nummern 4 – 6 des zweiten Paragrafen der BetrKV**. Diese betreffen unter anderem Etagenheizungen und verschiedene Typen von Anlagen (z. B. zur Warmwasserversorgung und Brennstoffversorgung). Lesen Sie bei Bedarf die genauen Informationen im Paragrafen nach. Es gilt die **Empfehlung, all diese Kosten auf den Mieter umzulegen.**
- Ebenfalls übersprungen wurde die Nummer 15 der BetrKV. Hier werden Sie darüber informiert, unter welchen Bedingungen die Kosten für Fernsehen, Antenne und Kabelanschluss umlagefähig sind. Auch diese Kosten sollten Sie auf den Mieter umlegen.
- Nicht erwähnt wurde zudem die Nummer 17 der BetrKV, die darauf hinweist, dass „Betriebskosten im Sinne des § 1, die von den Nummern 1 bis 16 nicht erfasst sind", ebenfalls umlagefähig sind. Diese Kosten legen Sie ebenfalls auf den Mieter um, wobei die Kosten für einen **Swimmingpool und besondere**

Einrichtungsmerkmale der Immobilie, die die Mieter nutzen dürfen, **Beispiele für von den Nummern 1 – 16 nicht erfasste Kosten** sind. Hierzu der Paragraf 1 zu den Betriebskosten in vollem Umfang:

„(1) Betriebskosten sind die Kosten, die dem Eigentümer oder Erbbauberechtigten durch das Eigentum oder Erbbaurecht am Grundstück oder durch den bestimmungsmäßigen Gebrauch des Gebäudes, der Nebengebäude, Anlagen, Einrichtungen und des Grundstücks laufend entstehen. Sach- und Arbeitsleistungen des Eigentümers oder Erbbauberechtigten dürfen mit dem Betrag angesetzt werden, der für eine gleichwertige Leistung eines Dritten, insbesondere eines Unternehmers, angesetzt werden könnte; die Umsatzsteuer des Dritten darf nicht angesetzt werden.

(2) Zu den Betriebskosten gehören nicht:

1. die Kosten der zur Verwaltung des Gebäudes erforderlichen Arbeitskräfte und Einrichtungen, die Kosten der Aufsicht, der Wert der vom Vermieter persönlich geleisteten Verwaltungsarbeit, die Kosten für die gesetzlichen oder freiwilligen Prüfungen des Jahresabschlusses und die Kosten für die Geschäftsführung (Verwaltungskosten),

2. die Kosten, die während der Nutzungsdauer zur Erhaltung des bestimmungsmäßigen Gebrauchs aufgewendet werden müssen, um die durch Abnutzung, Alterung und Witterungseinwirkung entstehenden baulichen oder sonstigen Mängel ordnungsgemäß zu beseitigen (Instandhaltungs- und Instandsetzungskosten)." (Bundesministerium der Justiz, 2023)

Sie wissen nun im Detail, was als Betriebskosten einzustufen ist und welche Betriebskosten auf den Mieter umgelegt werden dürfen. Halten Sie sich an die Empfehlungen in der rechten Spalte und bemühen Sie sich darum, die verschiedenen Pflichten und Aufgaben an den Mieter zu delegieren. So entstehen Ihnen **nur wenige Betriebskosten und Ihr administrativer Aufwand sinkt erheblich.**

Abschließende Hinweise und Bewertung von Kostenumlagen

Hin und wieder wirkt es so, als preise ein Großteil der Vermieter die Kostenumlage als „heiligen Gral" der Vermietung an. **Dabei hat eine Kostenumlage prinzipiell nichts mit einer Profitmaximierung zu tun,** sondern dient lediglich dazu, das Übel – in diesem Fall die notwendigen Kosten – von sich selbst auf jemand anderen zu übertragen.

Einige Vermieter machen sich dabei das Leben noch schwerer als nötig: Sie schließen selbst Verträge mit Energielieferanten ab und legen die Kosten für die Energieversorgung auf die Mieter um. Dabei bürden sie sich einen unnötigen administrativen Aufwand auf. Sie hingegen wissen nun, was **der beste Weg für Sie als Vermieter** ist: **so wenig Arbeit wie möglich zu haben.**

Hierfür delegieren Sie möglichst viele Pflichten an den Mieter und übergeben diesem die Verantwortung für seine Energie- und Wasserversorgung. Infolgedessen sinkt Ihr Aufwand und Sie gewinnen Zeit, um sich um andere Bereiche Ihres Lebens zu kümmern. Dies kommt immerhin einer Profitmaximierung nahe. Die Kostenumlage ist also, wenn Sie alles richtig machen, kein Mittel zur Profitsteigerung, sondern eine **Methode, um die absolut notwendigen Kosten (Grundsteuer, Versicherungskosten etc.) auf den Mie-**

ter umzulegen und sich ansonsten einen Haufen Arbeit zu ersparen.

Um die Kostenumlage korrekt durchzuführen, ist darauf zu achten, diese im Mietvertrag richtig zu formulieren. Hierbei gibt es einige Fallstricke. Beispielsweise sind laut Gerichtsbeschlüssen <u>keine</u> **unspezifischen Formulierungen wie die folgenden erlaubt:**

- „Der Mieter trägt sämtliche umlagefähigen Kosten, die zum Betrieb des Hauses notwendig sind."
- „Betriebskosten i. S. v. den Grundbesitz belastenden Kosten trägt der Mieter."
- „Der Mieter trägt die Nebenkosten anteilig neben der Miete." (Deutsches Mietrecht, 2022)

Im Mietvertrag schreiben Sie am besten „Neben der Miete trägt der Mieter folgende Betriebskosten ..." und listen daraufhin die Betriebskosten auf. Alternativ können Sie auf eine Anlage zusätzlich zum Mietvertrag verweisen, in der die Betriebskosten aufgeführt sind. Bei korrekter und spezifischer Formulierung der zu übernehmenden Kosten muss der Mieter, sofern er den Mietvertrag unterschreibt, diese Kosten auch tragen. Bei inkorrekter Formulierung hingegen ist er lediglich zur Zahlung der vertraglich vereinbarten Grundmiete verpflichtet.

10 | Auf den Steuerberater verzichten: Anleitung zum Ausfüllen der Anlage V

Die Anlage V betrifft die Einkünfte aus Vermietung und Verpachtung. In diesem Kapitel erwartet Sie eine detaillierte Anleitung dazu, wie Sie diese Anlage korrekt ausfüllen, um Ihren Pflichten zum Einreichen einer Einkommensteuererklärung und zur Zahlung von Steuern nachzukommen.

Falls Sie sowohl die Einkommensteuererklärung als auch die Anlage V selbst ausfüllen, ersparen Sie sich die Kosten für den Steuerberater. Die Kosten für den Steuerberater richten sich vor allem nach der Höhe Ihres Gewinns, doch liegen sie in den meisten Fällen bei mindestens 800 bis 1.200 €. Ohne diesen Kostenfaktor steigt Ihr finanzieller Profit aus der Vermietung.

Aus Gründen des enormen Umfangs ist es in diesem Ratgeber nicht möglich, eine komplette Anleitung zum Ausfüllen der gesamten Steuererklärung zu geben. Daher beschränkt sich die Anleitung in diesem Kapitel auf das Ausfüllen der Anlage V. Sie erhalten durch die Anleitung ein Verständnis dafür, dass das Ausfüllen von Dokumenten fürs Finanzamt kein Hexenwerk ist, sondern durchaus einfach sein kann, wenn man sich mit der Bedeutung einiger Begriffe und außerdem mit einigen steuerrechtlichen Prinzipien auskennt.

Nutzen Sie die Anleitung in diesem Kapitel als eine Inspiration dafür, um sich selbstständig zu informieren, wie Sie abgesehen von der Anlage V auch die Einkommenssteuererklärung und ggfs. weitere relevante Anlagen selbst ausfüllen können. Nach einer Recherche im Internet und bei einem Blick in die amtlichen Anleitungen zur Steuererklärung und zu den Anlagen sollten Sie imstande sein, auf eine Steuerberatung zu verzichten und dadurch an Kosten zu sparen.

Grundlegendes zur Anlage V und Aufteilung auf 5 Bereiche

Die Anlage V ist in fünf Bereiche eingeteilt:

- Einkünfte aus dem bebauten Grundstück
- Anteile an Einkünften
- Andere Einkünfte
- Werbungskosten
- Zusätzliche Angaben.

Der 2. Bereich **„Anteile an Einkünften"** betrifft Sie, falls Sie z. B. Einkünfte aus offenen Immobilienfonds verzeichnen. Aufgrund der Tatsache, dass die Anteile an Einkünften ein äußerst spezieller Aspekt der Einkünfte aus der Vermietung sind, wird **auf diesen Bereich der Anlage V nicht näher eingegangen**. Letztlich ist das Ausfüllen der entsprechenden Zeilen 25 bis 29 ohnehin selbsterklärend.

Wichtig für Sie, insbesondere wenn Sie die Tipps zur Profitmaximierung in diesem Ratgeber berücksichtigen, sind hingegen die anderen vier aufgezählten Bereiche der Anlage V. Mit Ausnahme vom Bereich „Werbungskosten" informieren wir Sie in allen Bereichen über Ihre Einkünfte. Die Auskunft über Einkünfte ist simpel, weil Sie lediglich die im jeweiligen Jahr vereinnahmten Gelder aufführen. Genau diesen Bereichen gilt im Folgenden zunächst die Aufmerksamkeit, ehe abschließend auf den Bereich „Werbungskosten" eingegangen wird.

1. Bereich: Einkünfte aus dem bebauten Grundstück

Die Zeilen 4 – 6 dienen der Information darüber, **um welche Immobilie es sich handelt und wann diese angeschafft sowie fertiggestellt wurde.** Die Zeitpunkte der Anschaffung und der Fertigstellung sind mit Blick auf die Abschreibung für Abnutzung (AfA) im Bereich „Werbungskosten" der Anlage V wichtig.

Die Zeilen 13 bis 14 dienen dazu, die **Einnahmen aus den Kostenumlagen auf den Mieter aufzuführen.** Ferner werden in der Zeile 15 die vereinnahmten Mieten aus früheren Jahren und die Einnahmen aus Kautionen eingetragen. Zeile 16 dient der Eintragung von Einkünften aus der Vermietung von Garagen – diese Einnahmen separat aufzuführen, ist zur Bestimmung der Umsatzsteuerpflicht und ggfs. der Höhe der zu zahlenden Umsatzsteuer erforderlich.

Hinweise zur teilweisen Vermietung

In den **Zeilen 7 bis 12** führen Sie Informationen dazu auf, ob Sie den **Wohnraum teilweise selbst nutzen,** nur kurzfristig vermieten oder an Angehörige vermieten. Sie tragen ggfs. den Anteil der Wohnfläche, die selbst genutzt oder kurzfristig vermietet wird, ein. Beispielsweise können Sie die Kosten für den prozentualen Anteil der eigengenutzten Fläche nicht von der Steuer absetzen. Nähere Informationen dazu, welche Regeln bei der teilweisen Vermietung gelten, recherchieren Sie selbst im Internet oder finden diese in der amtlichen Anleitung zur Anlage V der Steuererklärung.

Besonderheiten der umsatzsteuerpflichtigen Vermietung

Bei umsatzsteuerpflichtigen Vermietungen führen Sie die durch Vermietung **erzielten Einnahmen aus der Umsatzsteuer** (Nur die Umsatzsteuer, die Sie auf die Netto-Miete aufgeschlagen haben, nicht jedoch die Netto-Einnahmen aus der Vermietung!) in der Zeile 17 auf. Falls das Finanzamt Ihnen Umsatzsteuern erstattet und überwiesen hat, müssen Sie diese als zusätzliche Einnahmen in der Zeile 18 aufführen.

Sonstiges und Abschluss

In **Zeile 19** führen Sie als Einnahmen die **Zuschüsse** auf, die Sie für die Immobilie oder Maßnahmen an der Immobilie erhalten haben. Den Anteil der Zuschüsse, den Sie für selbst genutzten Wohnraum oder unentgeltlich an Dritte überlassenen Wohnraum eingenommen haben, tragen Sie in Zeile 20 ein und subtrahieren diesen von den Einnahmen.

Schließlich tragen Sie **in Zeile 21 den Gesamtbetrag Ihrer Einnahmen** ein. Hierfür addieren Sie die Einnahmen aus den vorigen Zeilen zusammen. Sie ziehen von den Einnahmen die Werbungskosten (siehe 4. Bereich) ab, indem Sie die gesamten Werbungskosten aus Zeile 51 in Zeile 22 übertragen und **in Zeile 23 den Überschuss (also die Einnahmen abzüglich der Werbungskosten) eintragen.**

3. Bereich: Andere Einkünfte

In Zeile 31 tragen Sie die Einnahmen aus der Untervermietung ein. Einfach nur die Einnahmen, denn da bei der Untervermietung keine Kostenumlage erfolgt und auch keine Zuschüsse oder Ähnliches eingenommen werden, braucht es keine weiteren Angaben.

Die Zeile 32 dient der Angabe von sämtlichen Einkünften aus der Vermietung, die Sie mit unbebauten Grundstücken, Sachen, unbeweglichem Vermögen und der Überlassung von Rechten erzielen. Auch hier geben Sie nur die Summe der Gesamteinnahmen an.

4. Bereich: Werbungskosten

Kompliziert wird es nun bei den Werbungskosten, die Sie steuerlich absetzen. **Einige Kosten dürfen nicht im Jahr der Entstehung abgesetzt werden**, sondern müssen über eine Dauer von mehreren Jahrzehnten abgeschrieben werden. Die **Abschreibung für Abnutzung (AfA)** trifft in jedem Fall auf die Anschaffungskosten für das Gebäude zu. Ob Sie darüber hinaus auch die Renovierungs-, Sanierungs- oder Modernisierungskosten über mehrere Jahrzehnte oder im Jahr der Entstehung komplett absetzen dürfen, hängt vom Einzelfall ab.

In den folgenden Abschnitten erfahren Sie, wie Sie die Anschaffungskosten fürs Gebäude, die Renovierungs-, Sanierungs- und Modernisierungskosten sowie weitere Ausgaben als Vermieter steuerlich geltend machen. Die folgenden Inhalte umfassen auch Informationen dazu, in welchem Teil der Steuererklärung Sie die Ausgaben angeben. Trotz der ausführlichen Erläuterungen im Folgenden ist zu beachten: Die Informationen und Anleitungen ersetzen keine professionelle und amtlich anerkannte Steuerberatung!

Abschreibung für Abnutzung (AfA)

Zu den **Anschaffungskosten fürs Gebäude** gehört der **Kaufpreis der Immobilie abzüglich des Bodenwerts**. Dass die steuerliche Absetzbarkeit des Bodenwerts nicht zugelassen ist, liegt daran, dass von der dauerhaften Nutzbarkeit des Bodens ausgegangen wird. Auch wenn das Gebäude irgendwann abgerissen werden muss, wird der Boden weiterhin nutzbar sein.

> ### *Hinweis!*
>
> Sie können die Anschaffungskosten für das Grundstück steuerlich nicht absetzen, doch profitieren auf andere Weise, denn es ist auf lange Sicht von einem Wertanstieg des Grundstücks auszugehen. Sollten Sie sich als Vermieter dazu entscheiden, nach beispielsweise 20 – 30 Jahren der Vermietung die gesamte Immobilie zu verkaufen, dann erzielen Sie im Idealfall für das Gebäude und das Grundstück einen höheren Verkaufspreis als den von Ihnen gezahlten Kaufpreis. Somit machen Sie – abgesehen von den Einnahmen aus der Vermietung durch den Verkauf des Gebäudes und des Grundstücks – einen weiteren Gewinn. Da nach zehnjähriger Haltedauer die Spekulationssteuer auf Gewinne aus Immobilienverkäufen entfällt, streichen Sie Ihren Gewinn sogar steuerfrei ein.

Sie zahlen beim Kauf einer Immobilie immer den Preis für das Gebäude und das Grundstück. **Wie ermitteln Sie den Bodenwert und subtrahieren diesen von dem Gebäudewert?**

1. Hierfür notieren Sie sich zunächst den Kaufpreis für Ihre Immobilie.
2. Nun geben Sie bei Google als Suchbegriff „Bodenrichtwert" und das Bundesland, in dem Ihre Immobilie steht, an.
   a. So wären zwei plausible Suchbegriffe beispielsweise „Bodenrichtwert Sachsen" und „Bodenrichtwert Baden-Württemberg".
   b. Auf der Website https://www.boris.sachsen. de/ sind die Bodenrichtwerte für Sachsen und

auf der Website https://www.gutachteraus-schuesse-bw.de/borisbw/?lang=de die für Ba-den-Württemberg zu finden.

c. Unter Angabe Ihrer Adresse und/oder Ihres Flurstückskennzeichens (Letzteres ist in Ihrem Grundbucheintrag aufgeführt) finden Sie den Bodenwert pro m^2, der für Ihre Immobilie gilt.

3. Als Nächstes multiplizieren Sie den Bodenwert pro m^2 mit der Größe Ihres Grundstücks, die Sie ebenfalls aus dem Grundbucheintrag erfahren.

a. Ein Rechenbeispiel: Im Falle einer Immobilie mit einem Bodenrichtwert von 225 € pro m^2 und einer Grundstücksgröße von 800 m^2 würden Sie rechnen.

b. Das Ergebnis der Rechnung sind 180.000 € an Grundstückswert.

4. Den errechneten Grundstückswert subtrahieren Sie schließlich vom gesamten Immobilienpreis.

a. Falls Sie beispielsweise 820.000 € für die Immobilie gezahlt haben, rechnen Sie .

b. Das Ergebnis lautet 640.000 €. Dies ist der Gebäudewert.

Mit dem Gebäudewert (Immobilienpreis abzüglich des Bodenwerts) ermitteln Sie einen Teil der Anschaffungskosten. Diese Anschaffungskosten dürfen Sie über eine Dauer von mehreren Jahrzehnten abschreiben. Im Gegensatz zum Grundstück – so die Annahme im Steuergesetz – nutzen Gebäude nämlich über die Jahrzehnte ab. Man geht dabei davon aus, dass sich die **Gebäude je nach Baujahr und Verwendungszweck in einer unterschiedlichen Anzahl an Jahren abnutzen.** Hieraus ergeben sich die folgenden Abschreibungsdauern:

Gebäudeart	Abschreibungsdauer
Gebäude, • das zum Betriebsvermögen gehört, • keinen Wohnzwecken dient, • und für das der Bauantrag nach dem 31. März 1985 gestellt worden ist	33 Jahre und vier Monate • jährlich 3 % Abschreibung • im letzten Jahr 1 % Abschreibung
Gebäude, • auf das die Angaben aus der ersten Zeile nicht zutreffen, • und das nach dem 31. Dezember 2022 fertiggestellt worden ist	33 Jahre und vier Monate • jährlich 3 % Abschreibung • im letzten Jahr 1 % Abschreibung
Gebäude, • auf das die Angaben aus der ersten Zeile nicht zutreffen, • und das vor dem 1. Januar 2023 und nach dem 31. Dezember 1924 fertiggestellt worden ist	50 Jahre • jährlich 2 % Abschreibung
Gebäude, • auf das die Angaben aus der ersten Zeile nicht zutreffen, • und das vor dem 1. Januar 1925 fertiggestellt worden ist.	40 Jahre • jährlich 2,5 % Abschreibung

Quelle: Einkommensteuergesetz (EStG). § 7 Absetzung für Abnutzung oder Substanzverringerung (Bundesamt für Justiz, 2023)

Anschaffungsnebenkosten: Notarkosten, Maklerprovision und Grunderwerbsteuer zusammen mit den Anschaffungskosten abschreiben

Die steuerlich abzugsfähigen Anschaffungskosten für die Immobilie setzen sich zum Großteil aus dem Kaufpreis für das Gebäude zusammen. Hinzu kommen jedoch weitere Kosten, die Sie als Teil der Anschaffungskosten zusammen mit dem Gebäudepreis über die AfA abschreiben. Es sind die folgenden Anschaffungsnebenkosten:

- Notarkosten
- Maklerprovision
- Grunderwerbsteuer

Notarkosten

Die Notarkosten sind bei jedem Immobiliengeschäft anders, denn sie richten sich nach dem Kaufpreis der Immobilie. In pauschalen Rechnungen kalkuliert man mit **1,5 % des Immobilienpreises als Notarkosten** – diese pauschale Kalkulation ist für Sie jedoch nur zur Kostenplanung vor dem Immobilienkauf relevant. Nach dem Kauf der Immobilie erhalten Sie vom Notar eine Rechnung zugeschickt, in der die konkreten Kosten und somit der konkrete Betrag, den Sie steuerlich absetzen dürfen, aufgeführt ist. Den **Betrag aus der Rechnung des Notars addieren Sie zum Gebäudewert**.

Wichtig ist für die steuerliche Abzugsfähigkeit der Notarkosten, dass Sie den Beleg vom Notar erhalten und die Rechnung per Banküberweisung begleichen. Den Beleg des Notars bewahren Sie auf, denn es könnte sein, dass das Finanzamt bei der Prüfung Ihrer Steuererklärung den Beleg verlangt.

Maklerprovision

Als weiteren Teil der Anschaffungskosten addieren Sie die **Maklerprovision** hinzu. Diese **ist unter dem Käufer und Verkäufer der Immobilie hälftig aufgeteilt**, seitdem das *Gesetz über die Verteilung der Maklerkosten bei der Vermittlung von Kaufverträgen über Wohnungen und Einfamilienhäuser* am 23.12.2020 in Kraft getreten ist (Deutscher Bundestag, 2023). Mussten früher die Immobilienkäufer in Bundesländern wie Brandenburg, Berlin und Hamburg noch die komplette Maklerprovision allein zahlen, so ist nun bundesweit einheitlich geregelt, dass der Käufer und Verkäufer der Immobilie jeweils 50 % der Maklerprovision zu tragen haben.

Sie erhalten als Käufer eine **Rechnung mit Ihrem Anteil an der Maklerprovision.** Der dort eingetragene Betrag zählt zu den Anschaffungsnebenkosten und wird zusammen mit der Gebäude-AfA abgeschrieben. Behalten Sie die Rechnung des Maklerbüros, um diese bei Nachfragen des Finanzamts zu Ihrer Steuererklärung vorzeigen zu können.

> ### *Hinweis!*
>
> Im Gegensatz zur Rechnung des Notars werden Sie auf der Rechnung des Maklerbüros eine Umsatzsteuer aufgeführt sehen. Diese dürfen Sie ebenfalls absetzen. Wenn Sie eine umsatzsteuerpflichtige Vermietung durchführen, subtrahieren Sie die Ihnen in Rechnung gestellte Umsatzsteuer von der Umsatzsteuer, die Sie zahlen müssen. Bei nicht umsatzsteuerpflichtiger Vermietung geben Sie unter „sämtliche Kosten" – ob Makler oder Handwerker – die Brutto-Beträge inklusive der Umsatzsteuer als Kosten an.

Grunderwerbsteuer

Weiter geht es mit der Grunderwerbsteuer: **Noch bevor die Immobilie in Ihren Besitz übergeht,** müssen Sie den Finanzbehörden die **Grunderwerbsteuer überweisen.** Hierzu erhalten Sie einen Bescheid mit allen relevanten Angaben einschließlich des zu überweisenden Betrags zugeschickt. Sie überweisen den Betrag. Die Grunderwerbsteuer können Sie in vollem Umfang von der Steuer absetzen, indem Sie diese zu den Anschaffungskosten hinzurechnen und zusammen mit der Gebäude-AfA absetzen.

Bewahren Sie den Grunderwerbsteuerbescheid auf, um diesen dem Finanzamt bei Nachfragen zur Steuererklärung ggfs. vorzeigen zu können – notwendig sein sollte dies allerdings nicht, da das Finanzamt als Empfänger der von Ihnen überwiesenen Grundsteuer diesen Teil der Anschaffungskosten grundsätzlich nicht überprüfen muss.

Achtung: Anschaffungsnaher Herstellungsaufwand! Über Sanierungs-, Renovierungs- und Modernisierungskosten, die den Anschaffungskosten zugerechnet werden

Mit dem Gebäudewert, den Notarkosten, der Maklerprovision und der Grunderwerbsteuer sind im Prinzip alle Anschaffungskosten zusammengetragen. Es gibt allerdings einen weiteren Kostenfaktor, der kein Teil der Anschaffungskosten ist, diesen unter Umständen aber trotzdem hinzugerechnet wird: Renovierungs-, Sanierungs- und Modernisierungskosten. Hierzu der genaue Wortlaut aus dem Paragrafen 6 des Einkommensteuergesetzes (EStG):

„Zu den Herstellungskosten eines Gebäudes gehören auch Aufwendungen für Instandsetzungs- und Modernisierungsmaßnahmen, die innerhalb von drei Jahren nach der Anschaffung des Gebäudes durchgeführt werden, wenn die Aufwendungen ohne die Umsatzsteuer 15 Prozent der Anschaffungskosten des Gebäudes übersteigen (anschaffungsnahe Herstellungskosten)." (Bundesamt für Justiz, 2023)

Zum Verständnis ist es wichtig, zu wissen, dass Anschaffungskosten und Herstellungskosten im Zusammenhang mit Immobilien vor dem Steuerrecht gleichgestellt sind. Im Paragrafen 6 ist zu Beginn von Herstellungskosten die Rede, weil die Anschaffungskosten zzgl. der Aufwendungen für Instandsetzungs- und Modernisierungsmaßnahmen nicht mehr nur die Anschaffungskosten sind. Wenn an dem gekauften Gebäude in einem Zeitraum von drei Jahren nach dessen Anschaffung Instandsetzungs- und Modernisierungsmaßnahmen vollzogen werden, geht das Finanzamt davon aus, dass am Gebäude zunächst ein Zustand hergestellt werden muss, der es möglich macht, Gewinne zu erzielen. So kommt es zum Begriff der Herstellungskosten in Abgrenzung zu den bloßen Anschaffungskosten.

Sollten Sie als Vermieter **im Zeitraum von drei Jahren nach der Anschaffung des Gebäudes** Renovierungs-, Sanierungs- oder Modernisierungsmaßnahmen vollziehen, deren Kosten ohne die Umsatzsteuer – hierfür auf den Nettobetrag in den Rechnungen achten – **15 % der Anschaffungskosten des Gebäudes übersteigen**, dann liegen anschaffungsnahe Herstellungskosten vor. Diese bezeichnet man auch als anschaffungsnahen Herstellungsaufwand.

Ausgeschlossen von diesem Gesetz sind speziell die Maßnahmen, die Sie ohnehin jährlich durchführen lassen, wie z. B. die Wartung bestimmter Bestandteile der Immobilie und im Rahmen der Wartung ggfs. erforderliche Sanierungsmaßnahmen – so der § 6 EStG. Der anschaffungsnahe Herstellungsaufwand wird den Anschaffungskosten und den Anschaffungsnebenkosten für die Immobilie zugerechnet und über die jeweilige Gebäude-AfA abgeschrieben.

Eine weitere wichtige Information zu dem zitierten Paragrafen ist, dass **den Instandsetzungsmaßnahmen sowohl Renovierungen als auch Sanierungen zuzuordnen sind.** Normalerweise ist unter dem Begriff Instandsetzung zu verstehen, dass das Gebäude durch Sanierungsmaßnahmen nutzbar gemacht wird. Renovierungen hingegen sind Schönheitsreparaturen und dürften als solche nicht zu den anschaffungsnahen Herstellungskosten gerechnet werden. Aber nach mehreren Urteilen aus dem Jahr 2016 – unter anderem einem Urteil des Bundesfinanzhofs (BFH) unter dem Aktenzeichen IX R 25/14 – können **auch Schönheitsreparaturen den anschaffungsnahen Herstellungskosten zugerechnet** werden (Bundesfinanzhof, 2023). Als Begründung hierfür führt der BFH an, dass Schönheitsreparaturen nicht jährlich anfallen und sie somit keiner Ausnahme des § 6 EStG unterliegen.

In der Praxis bedeutet das für Sie als Vermieter, dass, wenn bei Ihnen anschaffungsnahe Herstellungskosten vorliegen, Sie diese zu den Anschaffungskosten (also dem Gebäudewert abzgl. des Bodenwerts) und den Anschaffungsnebenkosten (also den Notarkosten, der Maklerprovision und der Grunderwerbsteuer) addieren. So kommen Sie auf sämtliche Kosten, die Sie über die jeweilige Gebäude-AfA mit 2 %, 2,5 % oder 3 % pro Jahr abschreiben.

Ausnahmeregelung zur Gebäude-AfA: Gebäude in Sanierungsgebieten und städtebaulichen Entwicklungsbereichen und denkmalgeschützte Immobilien

Ausgenommen von den genannten Abschreibungssätzen sind zwei Arten von Gebäuden:

- Gebäude in Sanierungsgebieten und städtebaulichen Entwicklungsbereichen
- denkmalgeschützte Gebäude

Bei beiden Arten von Gebäuden dürfen im Jahr der Anschaffung/Herstellung und in den folgenden 7 Jahren jeweils 9 % abgeschrieben werden und in den darauffolgenden 4 Jahren jeweils 7 %. Die **höheren Abschreibungssätze** haben zur Folge, dass Sie jährlich einen höheren Teil der Anschaffungs- und Herstellungskosten absetzen können als bei der regulären Gebäude-AfA. Mit den höheren Abschreibungssätzen kommt der Staat den Steuerpflichtigen entgegen, die aufgrund des meist starken Renovierungs-, Sanierungs- und Modernisierungsbedarfs bei den beiden Gebäudearten einen finanziell hohen Herstellungsaufwand verzeichnen.

Die §§ 7h und 7i des EStG enthalten die gesetzlichen Bestimmungen, die gelten, um die Abschreibungssätze in Anspruch nehmen zu dürfen. So müssen beispielsweise bei Gebäuden in Sanierungsgebieten und städtebaulichen Entwicklungsbereichen **Instandsetzungs- und Modernisierungsmaßnahmen im Sinne des § 177 des Baugesetzbuchs** ergriffen werden.

Wenn diese oder eine andere Voraussetzung bei einer der beiden Gebäudearten nicht erfüllt ist, müssen Sie die Anschaffungs- und Herstellungskosten über die regulären Abschreibungssätze, die sich nach dem Baujahr und Verwendungszweck des Gebäudes richten, abschreiben.

Auf die spezifischen Anforderungen, um die Sonderabschreibung für Gebäude in Sanierungsgebieten und städtebaulichen Entwicklungsbereichen sowie denkmalgeschützte Gebäude nutzen zu dürfen, wird hier nicht weiter eingegangen, weil Gebäude wie diese äußerst speziell sind und Investitionen in derartige Gebäude von vielen Vermietern gemieden werden.

Erklärung: So wenden Sie die Gebäude-AfA in der Steuererklärung richtig an!

Mit dem erworbenen Wissen ermitteln Sie Ihre Gebäude-AfA, wobei am Ende ein konkreter Betrag herauskommt, den Sie abschreiben dürfen. Die **gesamten Anschaffungskosten, Anschaffungsnebenkosten und Herstellungskosten** sind dieser Betrag, den Sie nun durch die Abschreibungsdauer, die für Ihr Gebäude gilt, teilen. Bei beispielsweise einem Betrag in Höhe von 400.000 € und einem Gebäude aus den 1930er-Jahren würden Sie den Betrag durch 40 Jahre teilen und erhielten als Ergebnis 10.000 €. Dieser Betrag entspricht 2,5 % Abschreibungsrate und ist jährlich steuerlich absetzbar, solange das Gebäude in Ihrem Besitz ist und Sie es vermieten.

Um die Abschreibung in der Steuererklärung anzugeben, finden Sie in der Anlage V zu Einkünften aus Vermietung und Verpachtung ein entsprechendes Feld. Dieses Feld und einige Felder sowie Kästchen für weitere Informationen sind **in der Zeile 33 der Anlage V** zu finden. So tätigen Sie Ihre Angabe:

1. Kreuzen Sie zunächst das Kästchen mit der Bezeichnung „linear" als Art der Abschreibung an. Es gibt zwar die Option zur degressiven Abschreibung, allerdings dürfen Sie diese nur verwenden, wenn Sie das Gebäude vor dem 31.12.2005 gekauft haben. Das Kästchen mit der Bezeichnung „degressiv" lassen Sie daher frei und kreuzen es nicht an.

2. Sie geben als Nächstes den Abschreibungssatz in Prozent an. Bezogen auf das Rechenbeispiel im vorigen Absatz, würden Sie „2,5 %" eintragen.

3. Es geht weiter mit zwei anderen Kästchen, die die Beschreibungen „wie [hier steht die Angabe des letzten Jahres, z. B. 2021, 2022]" und „lt. ges. Erltg." tragen.

   a. Das erste Kästchen „wie …" kreuzen Sie dann an, wenn dies nicht Ihre erste Abschreibung für das Gebäude ist und Sie bereits im letzten Jahr denselben Abschreibungssatz hatten.

   b. Das zweite Kästchen „lt. ges. Erltg." kreuzen Sie an, falls Sie für das Gebäude das erste Mal eine Abschreibung steuerlich geltend machen. Hierzu folgende Information aus der amtlichen Anleitung zum Ausfüllen der Anlage V: „Machen Sie erstmals Abschreibungen (…) für Anschaffungs- oder Herstellungskosten geltend, reichen Sie bitte eine gesonderte Erläuterung ein, in der neben dem gezahlten Rechnungsbetrag auch das Rechnungsdatum, der Gegenstand der Leistung sowie das ausführende Unternehmen angegeben sind."

4. Auf der rechten Seite im weiteren Verlauf der Zeile kommen drei Felder, die nur dann relevant sind, wenn Sie die Aufwendungen nur teilweise steuerlich absetzen können, weil Sie beispielsweise einen Teil der Immobilie selbst nutzen.

5. Ganz rechts unter der Bezeichnung „Abzugsfähige Werbungskosten" tragen Sie schließlich Ihren Abschreibungsbetrag ein. Bezogen auf das Rechenbeispiel von weiter oben mit 10.000 € Abschreibungsbetrag würden Sie genau diesen Betrag hier eintragen.

Die Zeilen 34 bis 36 nutzen Sie, wenn Sie Sonderabschreibungen (z. B. bei Denkmalimmobilien) durchführen oder die finanziellen Aufwendungen für Ihr Mobiliar (bei Vermietung einer möblierten Immobilie) steuerlich geltend machen möchten. Auf diese Zeilen wird nicht im Detail eingegangen, da es den Umfang dieses Ratgebers sprengen würde, sich in jedem Rechts- und Steueraspekt mit den Ausnahmefällen zu befassen. Nutzen Sie die amtliche Anleitung, wenn Sie bei einzelnen Zeilen der Steuererklärung nicht weiterkommen, oder holen Sie Rat bei einer Steuerberatung ein.

Erhaltungsaufwendungen

Wenn die Kosten für Instandsetzungs- und Modernisierungsmaßnahmen sowie Schönheitsreparaturen nicht unter die anschaffungsnahen Aufwendungen fallen, machen Sie diese auf andere Weise steuerlich geltend. Hierbei können Sie zwischen zwei Modellen wählen. Entweder Sie setzen die Kosten im Jahr der Entstehung komplett ab oder Sie verteilen die Kosten auf einen Zeitraum von 2 bis 5 Jahren.

Kosten im Jahr der Entstehung komplett absetzen

Wenn Sie die Kosten im Jahr der Entstehung komplett absetzen möchten, zählen Sie die Beträge aus den Rechnungen der Handwerker zusammen. Außerdem können Sie die Materialkosten, die bei Renovierungen, Sanierungen und Modernisierungen anfallen, steuerlich geltend machen. **Sie addieren die Beträge aus den einzelnen Rechnungen zusammen.** Zudem bewahren Sie die Rechnungen auf, falls das Finanzamt die Belege als Nachweis für die Richtigkeit Ihrer Angaben vorgezeigt bekommen möchte.

Den errechneten Betrag, z. B. 8.000 €, tragen Sie in der Zeile 40 der Anlage V unter „abzugsfähige Werbungskosten" ein. Sie dürfen den kompletten Betrag absetzen. Bei Personen, die die Immobilie komplett privat nutzen, ist dies nicht der Fall. Hier darf nur ein begrenzter Teil der Kosten bis zu einem Maximalbetrag steuerlich abgesetzt werden. Als Vermieter genießen Sie daher erhebliche Vorteile bei der Absetzung von Kosten für Renovierungs-, Sanierungs- und Modernisierungsmaßnahmen.

Die **Zeile 41** in der Anlage V ist für Sie dann relevant, wenn Sie die **Immobilie zum Teil vermieten und zum Teil selbst nutzen.** In diesem Fall geben Sie den Gesamtbetrag, den Sie für Renovierungs-, Sanierungs- und Modernisierungsmaßnahmen gezahlt haben, an. Daraufhin tragen Sie unter dem Kästchen „verhältnismäßig ermittelt" den Prozentanteil an, den Sie vom Gesamtbetrag steuerlich absetzen dürfen. Bei einer Vermietung von beispielsweise 40 % der Wohnfläche dürfen Sie 40 % des Gesamtbetrags für die Erhaltungsaufwendungen steuerlich absetzen. Den daraus resultierenden abzugsfähigen Betrag tragen Sie rechts unter „abzugsfähige Werbungskosten" ein.

Kosten auf einen Zeitraum von 2 bis 5 Jahren verteilt absetzen

Falls Sie die Kosten für Renovierungs-, Sanierungs- und Modernisierungsmaßnahmen **auf einen Zeitraum von 2 bis 5 Jahren verteilt absetzen** möchten, sind die **Zeilen 42 bis 46 in der Anlage V** für Sie von Belang. Im Grunde unterscheidet sich – abgesehen von der Verteilung auf einige Jahre – die Absetzung der Kosten kaum von der soeben erwähnten Beschreibung. Sie rechnen die Beträge aus den Handwerkerrechnungen und ggfs. aus den Rechnungen für den Materialkauf zusammen und erhalten den Gesamtbetrag für Ihre Erhaltungsaufwendungen.

Je nachdem, ob Sie über zwei, drei, vier oder fünf Jahre die Kosten absetzen möchten, teilen Sie den Gesamtbetrag durch die jeweilige Jahreszahl. Bei einer dreijährigen Abschreibung würden Sie Gesamtkosten von z. B. 9.000 € durch 3 teilen und als Ergebnis 3.000 € erhalten. Sie tragen in Zeile 42 der Anlage V den Gesamtaufwand von 9.000 € ein und schreiben dann unter „abzugsfähige Werbungskosten" den im jeweiligen Jahr abzuziehenden Anteil, also z. B. die 3.000 €, auf.

Die **Zeilen 43 bis 47** sind dafür vorgesehen, wenn Sie **aus den vorigen Jahren Kosten für Erhaltungsaufwendungen** haben, die Sie steuerlich geltend machen dürfen. Die Kästchen „Gesamtbetrag", „durch direkte Zuordnung ermittelt" und „verhältnismäßig ermittelt" füllen Sie nur aus, wenn Sie die Immobilie teilweise vermieten. Rechts unter „abzugsfähige" Werbungskosten tragen Sie dann den Betrag der Kosten ein, den Sie steuerlich absetzen dürfen.

Bei einer Aufteilung der Kosten auf 2 bis 5 Jahre ignorieren Sie die Zeilen 40 und 41, die im vorigen Abschnitt eine Rolle spielten. Generell gilt für die Anlage V: Alle Felder und Kästchen, die auf Sie nicht zutreffen, lassen Sie frei und füllen nichts aus oder kreuzen nichts an.

Abschließend mag sich Ihnen wohl die Frage stellen, **wann es sinnvoll ist,** die Kosten für Renovierungs-, Sanierungs- und Modernisierungsmaßnahmen **über mehrere Jahre verteilt steuerlich abzusetzen.** Dies bemisst sich vor allem an der Frage, wie hoch Ihr jährlicher Gewinn ist:

- Wenn Sie in einem Jahr besonders hohe Einnahmen verzeichnen, sollten Sie sich darum bemühen, möglichst viele Kosten steuerlich abzusetzen. Es wäre sinnvoll, den vollen Betrag für Erhaltungsaufwendungen in einem Jahr steuerlich geltend zu machen.
- Falls Sie geringe Einnahmen verzeichnen und die Chance besteht, dass Sie den Grundfreibetrag von 10.908 € unterschreiten und dadurch gar keine Steuern zahlen müssen, sollten Sie die Kosten auf so viele Jahre verteilen, dass Sie jährlich knapp über oder sogar unter dem Grundfreibetrag bleiben.

Diese drei pauschalen Empfehlungen verschaffen Ihnen ein Gefühl dafür, wie Sie die Freiräume bei der steuerlichen Absetzung der Erhaltungsaufwendungen zu Ihren Gunsten nutzen können. Es bietet sich an, dass Sie mehrere Rechnungen durchführen und prüfen, welcher Zeitraum zur Absetzung der Kosten für Sie persönlich am vorteilhaftesten ist. **Im Zweifelsfall** ist es besser, die **Kosten auf einen Schlag im Jahr der Entstehung abzusetzen**, denn so haben Sie bei den Steuererklärungen der Folgejahre einen etwas geringeren bürokratischen Aufwand und obendrein den maximalen Steuervorteil für das Jahr, für das Sie die Steuererklärung einreichen.

Schuldzinsen, Disagios, Geldbeschaffungskosten und Renten steuerlich absetzen

In den Zeilen der Anlage V, die sich zwischen den Zeilen zur Gebäude-AfA (Zeilen 33 – 36) und zu den Erhaltungsaufwendungen (Zeilen 40-46) befinden, sind drei weitere Zeilen aufgeführt. Hierbei handelt es sich um Zeilen, in denen Sie Schuldzinsen, Disagios, Geldbeschaffungskosten und Renten steuerlich absetzen können. Eine dieser Zeilen ist für Sie in jedem Fall relevant, wenn Sie die Immobilie nicht komplett selbst finanziert haben.

Schuldzinsen (ohne Tilgungsbeträge) und Disagios

Wenn Sie den Immobilienkauf über einen Kredit finanziert haben, können Sie die **Zinskosten steuerlich absetzen**. Wichtig ist hierbei, dass Sie nur die Zinsen steuerlich absetzen und nicht die Tilgungsbeträge. Die Tilgungsbeträge sind steuerlich nicht absetzbar, denn die Tilgung dient dazu, den Kreditbetrag zurückzuzahlen. Sie setzen die Tilgungsraten indirekt steuerlich ab, nämlich über die Gebäude-AfA.

Die Zinsen sind jene Gebühren, die Sie dafür zahlen, dass die Bank Ihnen den Kreditbetrag bereitstellt. An den Zinsen macht die Bank letztlich den Großteil ihres Gewinns. Entweder werden die fälligen Zinsen von Ihrem Konto eingezogen oder Sie überweisen diese. Als Nachweis fürs Finanzamt, falls dieses einen Beleg für die von Ihnen in der Anlage V angegebenen Zinskosten wünscht, können Sie den Kreditvertrag mit der Bank, Überweisungsbelege oder geschwärzte Kontoauszüge einreichen.

Ansonsten haben Sie in der Anlage V größtenteils ein leichtes Spiel: Sie tragen in die Zeile 37 unter „abzugsfähige Werbungskosten" einfach den Betrag ein, der im jeweiligen Jahr, für das Sie die Steuererklärung einreichen, fällig wurde. Ein **Sonderfall** liegt hingegen vor, wenn Sie sich für ein **Disagio** entschieden haben. Beim Disagio handelt es sich um eine Zinsvorauszahlung, die Sie leisten können. Banken gewähren bei Zinsvorauszahlungen manchmal einen geringeren effektiven Jahreszins, weswegen die **Finanzierung mit einem Disagio günstiger als ohne ein Disagio sein kann**. Informieren Sie sich ggfs. selbst über ein Disagio oder erkundigen Sie sich bei der Bank. Sie werden anhand der Finanzierungsangebote der Bank merken, ob ein Disagio in Ihrem Fall sinnvoll ist. Bei der Entscheidung für ein Disagio rechnen Sie die daraus entstandenen Kosten – also den gezahlten Betrag – in der Anlage V zusätzlich zu den im jeweiligen Jahr gezahlten

Zinsen. Doch Achtung: Disagios, die 5 % der Darlehenssumme überschreiten und Disagios bei Immobilienfinanzierungen mit weniger als 5 Jahren Dauer dürfen Sie nicht sofort steuerlich absetzen, sondern müssen diese auf einen individuellen Zinsfestschreibungszeitraum verteilen – welcher Zeitraum dies ist, hängt vom Einzelfall ab. Aufgrund der Seltenheit von Disagios wird an dieser Stelle nicht näher auf das Thema eingegangen. Falls bei Ihnen ein Disagio vorliegt und Sie die Kosten über einen Zinsfestschreibungszeitraum verteilt absetzen müssen, sollten Sie einen Steuerberater konsultieren.

Geldbeschaffungskosten (z. B. Schätz-, Notar-, Grundbuchgebühren)

Immer dann, wenn Sie für den Kauf der Immobilie Geld beschaffen, kommt es zu Kosten für die Dienstleistungen verschiedener Parteien. Sie nehmen beispielsweise einen Kredit auf und müssen neben den Schuldzinsen und den Tilgungsraten auch **Gebühren für die Vermittlung des Kredits** zahlen. In diesem Fall setzen Sie die Vermittlungsgebühren als einen Teil der Geldbeschaffungskosten steuerlich ab, indem Sie den fälligen Betrag in Zeile 38 angeben.

Abgesehen von Vermittlungsgebühren für Kredite können **Servicegebühren für das Personal der Bank** anfallen. Darüber hinaus verlangen Notare ein Honorar dafür, dass Sie die Grundschuld, die mit einer Immobilienfinanzierung einhergeht, im Grundbuch eintragen. Falls Gutachter hinzugezogen wurden, weil die Bank den Wert und den Zustand der Immobilie prüfen möchte, sind die **fälligen Gutachterkosten** ebenfalls ein Teil der Geldbeschaffungskosten.

Sämtliche Kosten, die im Zusammenhang mit der Geldbeschaffung anfallen, addieren Sie und setzen diese im Jahr der Entstehung ab. Hierfür tragen Sie den Gesamtbetrag in Zeile 38 unter „abzugsfähige Werbungskosten" ein. Die Felder

„Gesamtbetrag", „durch direkte Zuordnung ermittelt" und „verhältnismäßig ermittelt" sind nur dann für Sie relevant, wenn Sie die Immobilie teilweise vermieten und teilweise selbst nutzen. Die Rechnungen und sonstigen Dokumente, mit denen die einzelnen Posten für Geldbeschaffungskosten nachgewiesen werden können, sind aufzubewahren und auf Nachfrage beim Finanzamt einzureichen.

Renten, dauernde Lasten

Renten und dauernde Lasten sind selten. Falls Sie sich im Zuge des Immobilienkaufs dazu verpflichten, dem Verkäufer als Entgelt **anstelle eines Kaufpreises oder als zusätzliches Entgelt zum Kaufpreis für die Immobilie eine jährliche oder monatliche Rente zu zahlen**, dann liegt eine Rente und eine dauerhafte Last vor. Am ehesten kommt es zu Vereinbarungen wie diesen, wenn der Verkäufer alt ist und Sie als Käufer nicht viel Kapital haben – dann ersparen Sie es sich, den Kaufpreis für die Immobilie auf einen Schlag zahlen zu müssen. Sie tragen im gleichen Zuge jedoch das Risiko, dass der Verkäufer lange leben könnte und Sie über die Jahre oder Jahrzehnte durch die Vereinbarung einen Verlust machen, sofern die Dauer der Rentenzahlungen nicht begrenzt ist und bis zum Lebensende des Verkäufers anhält.

Falls auf Sie der seltene Fall zutrifft, dass Sie eine Immobilie erwerben und sich im Zuge dessen zu Rentenzahlungen verpflichten, tragen Sie den fälligen Gesamtbetrag unter „abzugsfähige Werbungskosten" in Zeile 39 ein. Sollten Sie nur einen Teil der Immobilie vermieten, dann dürfen Sie nur einen Teil der Rentenzahlungen steuerlich absetzen und füllen die Felder vor „abzugsfähige Werbungskosten" entsprechend aus.

Betriebskosten

Über der Zeile 47 steht eine Reihe an Posten, die steuerlich abgesetzt werden dürfen:

- Grundsteuer
- Straßenreinigung
- Müllabfuhr
- Wasserversorgung
- Entwässerung
- Hausbeleuchtung
- Heizung
- Warmwasser
- Schornsteinreinigung
- Hausversicherungen
- Hauswart
- Treppenreinigung
- Fahrstuhl

Wie Sie wissen, sind einige dieser Kosten auf Mieter umlegbar. Die Kosten, die Sie auf Mieter umlegen, geben Sie im 1. Bereich der Anlage V unter den Einkünften ein. Die Betriebskosten, die Sie nicht auf Mieter umlegen dürfen und selbst tragen, setzen Sie nun ab. Hierzu addieren Sie die umlagefähigen Kosten zusammen und tragen das Ergebnis unter „abzugsfähige Werbungskosten" ein. Erneut gilt, dass Sie bei einer teilweisen Vermietung die vorigen Felder ausfüllen müssen. Dabei geben Sie zunächst den Gesamtbetrag an, tragen dann den steuerlich abzugsfähigen Anteil ein und füllen schließlich das Feld unter „abzugsfähige Werbungskosten" mit dem steuerlich absetzbaren Betrag aus.

Verwaltungskosten

Weiter geht es mit Zeile 48: Die **Verwaltungskosten dürfen nicht auf Mieter umgelegt, aber von der Steuer abgesetzt werden**. Dies betrifft sowohl die Kosten bei einer Fremdverwaltung als auch die Kosten bei einer Eigenverwaltung. Lassen Sie Ihre Immobilie von einer Person oder einem Unternehmen verwalten, so können Sie die Reisekosten für den Verwalter und z. B. die Verpflegungsmehraufwendungen sowie weitere Kosten für den Verwalter steuerlich absetzen. Im Falle einer Eigenverwaltung können Sie die Kosten für sämtliche Arbeiten, die ansonsten die Verwaltung übernehmen würde, steuerlich geltend machen.

Umsatzsteuern

Nun zur Zeile 49, wobei in diesem Zusammenhang auch auf die Zeile 52 eingegangen wird: Diese Zeilen sind für Sie relevant, wenn Sie umsatzsteuerpflichtig vermieten. Sie tragen in der Zeile 49 die **bereits von Ihnen im jeweiligen Jahr gezahlte Umsatzsteuer ein**, sofern Sie schon Umsatzsteuern gezahlt haben. Die Zeile 52 dient dazu, sämtliche abziehbaren Vorsteuerbeträge einzutragen. Bei diesen Beträgen handelt es sich um die Umsatzsteuern aus allen Rechnungen, die zu den Kosten aus den Zeilen 38 bis 50 gehören.

Sonstiges

Unter „Sonstiges" in Zeile 50 sind beispielsweise die **Kosten für die Mietersuche sowie Anwaltskosten im Falle von Rechtsstreitigkeiten** absetzbar. Auch Kontoführungsgebühren und die Kosten für die Steuerberatung lassen sich in dieser Zeile absetzen. Sie bewahren die Belege auf und rechnen alle Kosten zusammen, um daraufhin den Gesamtbetrag unter „abzugsfähige Werbungskosten" angeben zu können.

Werbungskosten addieren und eintragen

Sämtliche Beträge, die Sie in den Zeilen 33 bis 50 eingetragen haben, addieren Sie nun zusammen. Den dabei entstehenden Betrag geben Sie in Zeile 51 an. Da die Werbungskosten ein unverzichtbarer Bestandteil zur

Ermittlung Ihrer Einkünfte aus der Vermietung sind, müssen Sie den **Betrag in Zeile 22 übertragen**, wo Sie ihn von der Summe Ihrer Einnahmen steuerlich absetzen.

5. Bereich: Zusätzliche Angaben

Die zusätzlichen Angaben in Zeile 53 dienen informativen Zwecken. Falls Sie **Zuschüsse** aus öffentlichen Mitteln vereinnahmt oder bewilligt bekommen haben und diese die **Anschaffungs- oder Herstellungskosten des Gebäudes mindern**, geben Sie den Betrag in Zeile 53 unter dem Feld für die Person, die den Zuschuss erhalten hat – Sie oder Ihr Ehepartner –, an.

Den Betrag aus der Zeile 53 müssen Sie nicht von den Werbungskosten subtrahieren, allerdings ist Folgendes zu beachten: Durch die Zuschüsse, die einer Schenkung entsprechen, **reduzieren sich die Anschaffungs- und Herstellungskosten für das Gebäude.** Subtrahieren Sie daher die Beträge aus den Zuschüssen von dem Abschreibungsbetrag, den Sie für Ihr Gebäude ermittelt haben. Den um die Zuschüsse reduzierten Abschreibungsbetrag verteilen Sie schließlich auf die jeweilige Dauer – 33 Jahre und 4 Monate, 40 Jahre oder 50 Jahre – und schreiben die Kosten ab.

Abschließende Hinweise und Bewertung zum Ausfüllen der Anlage V

Sie kommen mit dieser Anleitung und der amtlichen Anleitung zum Ausfüllen der Anlage V ziemlich weit. Wenn Fragen offenbleiben, erweisen sich YouTube-Tutorials und Ratgeber im Internet beim Ausfüllen der Anlage V und auch der Steuererklärung als hilfreich. Auch wenn nicht immer eine Seriosität bei den besagten Quellen gegeben ist, liegen die YouTube-Tutorials und Ratgebertexte meist richtig.

Sollten Sie sich beim Ausfüllen der Steuererklärung und Anlage V zu unsicher sein, dann lassen Sie dies ein Mal von einem Steuerberater erledigen. Im Anschluss wissen Sie, wie es richtig geht, und können die Steuererklärung samt aller Anlagen selbst einreichen. Dadurch senken Sie Ihre Kosten beträchtlich und fahren pro Jahr mehrere Hunderte oder mehrere Tausende Euro mehr Profit ein.

Schlusswort

Kreativität und Wissen machen den Unterschied. An Möglichkeiten zur Profitmaximierung bei der Vermietung – das haben Sie hoffentlich in diesem Ratgeber erkannt – mangelt es nicht, doch ein Großteil der Vermieter informiert sich nicht weiterführend und sieht die Vermietung als das, was sie jahrzehntelang war: Ich suche einen Mieter, statte ihn mit einem Vertrag aus, halte die gesetzlichen Rahmenbedingungen bei der Festsetzung der Anfangsmiete und bei den Mieterhöhungen fest und nach der Kündigung durch den Mieter suche ich nach einem Nachfolger.

So dreht sich das Rad des klassischen Vermietungskonzepts vor allem bei den erfahrenen Vermietern weiter, ohne dass sich etwas ändern würde. Dadurch gehen enorme Spielräume für höhere Renditen verloren. Tatsächlich ist die Vermietung in heutigen Zeiten aber ein wenig wie das moderne Unternehmensmanagement: **Es muss kreativ und innovativ gedacht werden, um Profite zu maximieren.**

Wie kreatives und innovatives Denken funktioniert, zeigen vor allem die nächsten Generationen von Vermietern. Diese brauchen teilweise nicht mal eigenes Immobilieneigentum, denn sie mieten große Wohnungen an und vermieten diese unter. Ob diese Untervermietung dauerhaft oder kurzfristig über Plattformen wie *airbnb* erfolgt, ist unerheblich: Wer in größeren Wohnungen die Zimmer einzeln vermietet, fährt meist einen weitaus höheren Gewinn ein als bei der Vermietung der kompletten Wohnung. So mieten einige wenige Personen sogar große Wohnungen mit 6 – 8 Zimmern an, nutzen ein Zimmer selbst und vermieten den Rest unter. Während der Vermieter eine magere Miete gemäß ortsüblicher Vergleichsmiete für die gesamte Wohnung kassiert, verdient sich der Untervermieter eine goldene Nase, weil er bei der Einzelzimmervermietung höhere Mieten pro Quadratmeter verlangen und die Gemeinschaftsflächen sogar mehrfach abrechnen darf.

Sie haben diesen Ratgeber gelesen und wissen Bescheid: Die **WG-Vermietung und die kurzfristige Vermietung für wenige Tage gehen mit großen Ertragspotenzialen einher**. Diese beiden Techniken zur Profitmaximierung bei der Vermietung sind Beispiele für kreatives und innovatives Denken zur Profitmaximierung. Ebenfalls kreativ und innovativ ist die Vermietung des Daches. Sofern Ihr Dach die Anforderungen erfüllt oder Sie ausreichend Bodenfläche zum Aufstellen von Photovoltaikmodulen haben, erzielen Sie mit der Vermietung von Aufstellflächen zusätzliche Einkünfte.

Die Vermietung des Dachs als Sonnendach ist nur eine von mehreren pfiffigen Möglichkeiten zur Steigerung der Mieteinnahmen, ohne dafür die Wohnfläche opfern zu müssen. Weitere solcher Techniken zur Profitmaximierung bei der Vermietung sind unter anderem:

- Aufstellen von Paketboxen und Briefkästen auf der Grundstücksfläche und Vermietung an Personen, die eine postalische Adresse in Deutschland benötigen
- Aufstellen eines Zigarettenautomaten im Treppenhaus oder auf dem Grundstück gegen eine Umsatzbeteiligung oder Mietzahlung des Tabakwarenanbieters
- Bei hohen Gebäuden mit mehreren Etagen: Kontaktaufnahme zu einem Mobilfunkanbieter und Angebot zum Montieren einer Mobilfunkantenne gegen eine monatliche Gebühr an Sie
- Vermietung von Werbeflächen auf der Gebäudefassade

Die geschilderten Techniken zur Profitmaximierung liefern Ihnen **im besten Fall mehrere Hunderte bis Tausende Euro an zusätzlichen Einnahmen pro Jahr.** Hier noch eine Idee, falls Sie zwischendurch über eine längere Zeit einen Leerstand verzeichnen: Schauen Sie auf Portalen, auf Websites von Filmstudios und auf weiteren Plattformen im Internet nach Inseraten, bei denen eine Immobilie als Drehort gesucht wird, oder bieten Sie Ihre Immobilie als Drehort an. In diesem Fall können Sie die Phase des Leerstands mit überdurchschnittlich hohen Einnahmen überbrücken.

Abgesehen von derart kreativen und innovativen Techniken, die Sie in diesem Ratgeber und im Schlusswort kennengelernt haben, gibt es weniger innovative und kreative Techniken mit einem hohen Renditepotenzial. Diese Techniken bewegen sich im Rahmen der gesetzlichen Möglichkeiten, aber werden selten von Vermietern ausgenutzt: die **Index- und Staffelmietverträge.** Wenn Sie Mieter finden, die sich bereit erklären, derartige Verträge zu unterzeichnen, haben Sie sich eine potenzielle finanzielle Goldgrube erschlossen. In Zeiten der hohen Inflation sind Indexmietverträge für Sie als Vermieter äußerst profitabel. Staffelmietverträge sind wiederum dann zu empfehlen, wenn Sie Mieter finden, die die Bereitschaft zu einem drei- bis vierjährigen Mietvertrag mit jährlich mindestens um 8 – 10 % steigender Miete haben.

Abgesehen von den genannten Techniken zur Profitmaximierung bei der Vermietung haben Sie die weitgehend geläufigen Methoden kennengelernt: Kostenumlagen auf Mieter, eigenständige Erledigung der Steuererklärung, möglichst hohe Ansetzung der Ausgangsmiete. In Zeiten der zunehmenden beruflichen Flexibilität und örtlichen Ungebundenheit gewinnt zudem die **Vermietung möblierter Immobilien** an Aufmerksamkeit: Renditen in Höhe von 10 % auf das von Ihnen eingesetzte Kapital zum Kauf der

Inneneinrichtung sind möglich. Dies sind im Vergleich mit anderen Kapitalanlagen äußerst hohe Renditen.

Wie Sie sehen: Sie haben es in der Hand, durch die Umsetzung der in diesem Buch genannten Techniken Ihren Profit aus der Vermietung zu steigern. Da jede Immobilie andere Möglichkeiten zur Ertragssteigerung bietet, können Sie diesen Ratgeber nutzen, um die passende Technik individuell für sich und für Ihre Immobilie zu finden. Welche dieser Techniken Sie zu welchem Zeitpunkt einsetzen, ist Ihre Entscheidung. Doch denken Sie stets an Folgendes: Haben Sie den Mut, innovative und kreative Wege bei der Vermietung zu gehen! Begegnen Sie hierzu den neuen Perspektiven durch die Digitalisierung und die Entwicklung des Wohnungsmarktes offen. Dann werden Sie sicherlich Entscheidungen treffen, die Ihren Profit aus der Vermietung erheblich steigern.

Gutes Gelingen bei Ihren Vorhaben!

Quellenverzeichnis

Literatur-Quellen:

Pachowsky, R.: *Profi-Handbuch Wohnungs- und Hausverwaltung. Immobilien privat erfolgreich vermieten, verwalten, kündigen.* Regensburg: Walhalla u. Praetoria Verlag GmbH & Co. KG, 2019. 12. Auflage.

Internet-Quellen:

Ammel, R.: ADAC, *Das kostet die Miete für Garage und Stellplatz in deutschen Städten* (26.05.2021). https://www.adac.de/news/miete-garage-kosten/.

BERLINER MIETERVEREIN, *Info 98: Möblierungszuschlag und möblierte Vermietung* (Oktober 2020). https://www.berliner-mieterverein.de/recht/infoblaetter/info-98-moeblierungszuschlag-und-moeblierte-vermietung.htm#4-Berechnung-des-Moeblierungszuschlages.

Bundesamt für Justiz, § 2 Aufstellung der Betriebskosten (20.03.2023). https://www.gesetze-im-internet.de/betrkv/__2.html.

Bundesamt für Justiz, *Bürgerliches Gesetzbuch (BGB).* § 556d Zulässige Miethöhe bei Mietbeginn; Verordnungsermächtigung (letzter Abruf: 25.03.2023). https://www.gesetze-im-internet.de/bgb/__556d.html.

Bundesamt für Justiz, *Bürgerliches Gesetzbuch (BGB)*. §
557a Staffelmiete (letzter Abruf: 25.03.2023). https://www.
gesetze-im-internet.de/bgb/__557a.html.

Bundesamt für Justiz, *Bürgerliches Gesetzbuch (BGB)*. §
557b Indexmiete (letzter Abruf: 25.03.2023). https://www.
gesetze-im-internet.de/bgb/__557b.html.

Bundesamt für Justiz, *Bürgerliches Gesetzbuch (BGB)*. § 558
Mieterhöhung bis zur ortsüblichen Vergleichsmiete (letzter
Abruf: 25.03.2023). https://www.gesetze-im-internet.de/
bgb/__558.html.

Bundesamt für Justiz, *Einkommenssteuergesetz (EStG)*. § 6
Bewertung (letzter Abruf: 30.03.2023). https://www.gesetze-
im-internet.de/estg/__6.html.

Bundesamt für Justiz, *Einkommenssteuergesetz (EStG)*. § 7
Absetzung für Abnutzung oder Substanzverringerung (letzter Abruf: 30.03.2023). https://www.gesetze-im-internet.de/
estg/__7.html.

Bundesamt für Justiz, *Gesetz zur weiteren Vereinfachung des
Wirtschaftsstrafrechts (Wirtschaftsstrafgesetz 1954). § 5 Mietpreisüberhöhung* (letzter Abruf: 25.03.2023). https://www.
gesetze-im-internet.de/wistrg_1954/__5.html.

Bundesfinanzhof, *Urteil vom 14. Juni 2016, IX R 25/14*
(letzter Abruf: 30.03.2023). https://www.bundesfinanz-
hof.de/de/entscheidung/entscheidungen-online/detail/
STRE201610204/.

Bundesgerichtshof, *Urteil unter Aktenzeichen VIII ZR 197/11*
(12.02.2012). http://juris.bundesgerichtshof.de/cgi-bin/
rechtsprechung/document.py?Gericht=bgh&Art=en&nr=59
774&pos=0&anz=1.

Class, S.: ZDF, *Photovoltaik-Boom. Lieferengpässe bremsen Solarhunger* (28.03.2022). https://www.zdf.de/nachrichten/panorama/boom-photovoltaik-solarenergie-100.html.

Daryai, RA.: Daryai Kuo & Partner, *Mieterhöhung für ein WG-Zimmer* (22.06.2012). https://www.dk-ra.de/mieter-hoehung-fuer-ein-wg-zimmer/.

Daryai, RA.: Daryai Kuo & Partner, *Welche Miete darf man für ein WG-Zimmer verlangen?* (28.04.2020). https://www.dk-ra.de/welche-miete-darf-man-fuer-ein-wg-zimmer-verlangen/.

DESTATIS, *Gesamtindex und 12 Abteilungen* (letzter Abruf: 25.03.2023). https://www.destatis.de/DE/Themen/Wirtschaft/Preise/Verbraucherpreisindex/Tabellen/Verbraucherpreise-12Kategorien.html.

DESTATIS, *Verbraucherpreisindex (VPI)* (letzter Abruf: 25.03.2023). https://www.destatis.de/DE/Themen/Wirtschaft/Preise/Verbraucherpreisindex/Methoden/Erlaeuterungen/verbraucherpreisindex.html.

Deutscher Bundestag, *Gesetz über die Verteilung der Maklerkosten bei der Vermittlung von Kaufverträgen über Wohnungen und Einfamilienhäuser* (letzter Abruf: 30.03.2023). https://dip.bundestag.de/vorgang/gesetz-%C3%BCber-die-verteilung-der-maklerkosten-bei-der-vermittlung-von/254398.

deutsches mietrecht, *Betriebskosten müssen im Mietvertrag vereinbart werden* (13.05.2022). https://deutschesmietrecht.de/betriebskosten/22-betriebskosten-vereinbarung.html.

KGK Rechtsanwälte, *Wie sehen Ihre Rechte und Pflichten als Vermieter von möblierten Wohnungen auf Zeit aus?* (letzter

Abruf: 27.03.2023). https://www.kgk-kanzlei.de/rechtsgebiete/mietrecht/moeblierte-wohnungen/.

Mietrecht.org, *Vorteile möblierter Vermietung einer Wohnung (für Vermieter)* (12.07.2017). https://www.mietrecht.org/mietvertrag/vorteile-moeblierte-vermietung/.

SOLAR DIREKTINVEST, *Dachfläche vermieten* (letzter Abruf: 27.03.2023). https://solar-direktinvest.de/dachflaeche-vermieten/.

Stürzer, R.: HAUFE, *Garage/Stellplatz – Separater Mietvertrag ist sinnvoll* (letzter Abruf: 28.03.2023). https://www.haufe.de/recht/deutsches-anwalt-office-premium/garagestellplatz-separater-mietvertrag-ist-sinnvoll_idesk_PI17574_HI5282725.html.

Vereinigte Lohnsteuerhilfe e. V., *Garage vermieten: Vorsicht Steuerfalle!* (17.08.2022). https://www.vlh.de/wohnen-vermieten/vermietung/garage-vermieten-vorsicht-steuerfalle.html.

Weigl, B.: Finanztip, *PV jetzt steuerfrei: 2023 gibt es (fast) nur Gewinner* (03.02.2023). https://www.finanztip.de/photovoltaik/pv-steuer/.